乡村振兴战略 科技惠农丛书
农业经济管理系列

休闲农业
经营之道

本系列主编　黄　卫　晁　伟　刘　斌
本 册 主 编　王　瑾　赖晓璐　周腰华

中国科学技术出版社
·北　京·

图书在版编目（CIP）数据

休闲农业经营之道 / 王瑾，赖晓璐，周腰华主编 . —北京：中国科学技术出版社，2019.3

（乡村振兴战略 科技惠农丛书 / 黄卫，晁伟，刘斌主编 . 农业经济管理系列）

ISBN 978-7-5046-7874-4

Ⅰ.①休… Ⅱ.①王… ②赖… ③周… Ⅲ.①观光农业－农业经营－中国 Ⅳ.① F592.3 ② F324

中国版本图书馆 CIP 数据核字（2017）第 317303 号

策划编辑	张　金　符晓静	
责任编辑	符晓静　范晓丽	
正文设计	中文天地	
封面设计	孙雪骊	
责任校对	杨京华	
责任印制	徐　飞	

出　　版	中国科学技术出版社
发　　行	中国科学技术出版社发行部
地　　址	北京市海淀区中关村南大街16号
邮　　编	100081
发行电话	010-62173865
传　　真	010-62173081
网　　址	http://www.cspbooks.com.cn

开　　本	889mm×1194mm　1/32
字　　数	115千字
印　　张	3.25
版　　次	2019年3月第1版
印　　次	2019年3月第1次印刷
印　　刷	北京长宁印刷有限公司
书　　号	ISBN 978-7-5046-7874-4 / F·848
定　　价	22.00元

（凡购买本社图书，如有缺页、倒页、脱页者，本社发行部负责调换）

本书编委会

主　编

王　瑾　　赖晓璐　　周腰华

副主编

潘荣光　　李宗泽　　邓春晖

编委（按姓氏笔画排序）

王　瑾　　邓春晖　　李宗泽　　张　淼

周腰华　　赖晓璐　　潘荣光

Preface 前言

　　我国是一个历史悠久的农业大国，农业地域辽阔，自然景观优美，农业经营类型多样，农业文化丰富，乡风民俗浓厚多彩，在我国发展休闲农业具有优越的自然地理条件、巨大的潜力和广阔的前景。经过长期发展，我国休闲农业产业已经成为农业和农村经济发展的亮点之一，特别是"十二五"以来，休闲农业产业发展呈现出"发展加快、布局优化、质量提升、领域拓展"的良好态势，大力发展休闲农业是加快中国特色农业现代化建设和促进农民增收的重要举措。

　　本书共分六章，系统地阐述了休闲农业的概念、产生、发展以及党和国家对我国休闲农业的扶持政策，简要介绍了国外休闲农业发展的历史和现状，重点讲述了我国休闲农业的发展模式、规划设计理念、经营管理方法及市场营销策略。全书将理论与案例相结合，具有很强的实用性。

　　限于作者水平有限，加之时间仓促，疏漏之处在所难免，衷心希望读者和同行不吝指正，在此谨致以最诚挚的谢意！

编　者

2018 年 12 月

Contents 目 录

第一章

走进休闲农业

当前，不断提高的人民物质文化生活水平和不断改善的城乡交通条件，为人们休闲度假方式的转变创造了条件。伴随着工业化、城市化和现代化的深入推进，城市居民饱受越来越严重的工业病、城市病、社会病的多重困扰，巨大的休闲养生需求促使城市居民逃离城市奔向郊野田园。这种现象在周末与节假日期间表现得尤为突出。汽车数量的不断增长与交通方式的不断升级为居民在城市与乡村之间便捷对流创造了越来越好的条件，而随着我国新型城镇化建设的深入推进和中产阶级规模的不断扩大，未来必将产生更大的休闲需求。

生产食物等农产品只是农业的一项主要功能，环境功能、社会功能、文化功能等也是农业所具备的功能。农业的多功能性随着社会经济的不断发展日渐彰显，并得到了人们的普遍认同与重视。

不可否认，近年来旅游发展的超级热点与重要的民生产业非休闲农业莫属，而休闲农业这一产业的发展，必将促进农业增效、农民增收、农村环境改善和经济社会发展。

融入自然山水、品尝绿色农产、追忆美丽乡愁、回归诗酒田园是都市人群的休闲消费需求，而农业的多功能性能够最大限度地满足都市人群的需求。休闲农业可以让人们体验到在自然中返璞归真、放松自我、无拘无束、无忧无虑的快乐，能够让人们找到心灵的归宿。

那么，什么是休闲农业呢?

第一节　什么是休闲农业

其实，休闲农业就在我们身边。下面，举二三例加以说明。

梅家坞坐落在杭州市城西山区，是国内有名的龙井茶产地。过去这里的村民靠采茶、制茶、卖茶维持生活，原始的生产方式效率低、收入微薄。近年来，当地大力发展茶楼形式的农家乐旅游，沿公路居住的村民家家户户都在开办农家乐茶楼，这一举措取得了良好的成效，有效地改善了村民的生活条件，提高了村民的生活质量。

杭州萧山蜀山亚泰养殖休闲山庄位于杭州市萧山区水产养殖区内，这里自古以来就是鱼米之乡，拥有连片的鱼塘、肥沃的土地。这里出产的肥鱼涌入了周边各市大大小小的水产市场，但是单一的水产养殖业和过于集中的竞争使这里的农民收入屡受市场价格波动的影响，不甚理想。亚泰养殖休闲山庄第一次把休闲旅游和生态养殖观念引入了水产养殖业，在吸引旅游资源的同时，把亚泰生态养殖的理念传播开来，用"亚泰"的品牌影响力引领着萧山区水产养殖业的产业化。

蓝调庄园位于北京市朝阳区金盏乡楼梓庄村南，隶属于朝阳区商业中心板块，区位独特且交通便利。庄园内土地平整，种有蓝莓、草莓等水果，并拥有天然温泉资源。蓝调庄园有别于其他农业生态园和郊野观光园，它是一种以身心愉悦、放松、享受和高端消费为特征的田园会所性质的休闲农业庄园。其主要景点有"私密园"温泉区、蓝莓种植区、"爱的伊甸园"景观区。"私密园"温泉区采用独立空间设置，营造自然生态环境，尽显高端华贵。蓝莓是项目地所种的水果之一，电影《蓝莓之夜》中的浪漫爱情故事，为蓝调庄园渲染了浪漫的氛围。"爱的伊甸园"景观区用花草（秋冬季节用夜光灯替代花草）拼成"I love you"字样的大地景观，并设有求婚台、求爱台等，营造浪漫的氛围。蓝调也称布鲁斯（Blues），是源于美国的一种音乐形式，传达着一种优雅、深沉的气质。现在，人们多用"蓝调"形容一种生活方式，表达一种浪漫、恬静、与世无争的意境。蓝调庄园就是运用了这种理念，通过设立"布鲁斯餐厅""蓝调派对吧"等，将蓝调的意境进行到底。蓝调庄园还根据季节的不同推出不同的水果，并自创了"水果时刻表"，提倡大家按照季节，跟着"四季果庄"一起吃水果。

上面是休闲农业的代表性发展模式：农家乐—休闲山庄—休闲农庄。休闲农业是城市化、科学技术、经济发展到一定阶段的产物。从产业成长的角度看，由于休闲农业在我国大陆尚处于起步阶段，"休闲农业"在用语上并不统一，叫法五花八门。但从总体看，近年来"休闲农业"这一术语慢慢开始被认同。关于"休闲农业"名称的提法，较常见的有"观光农业""休闲观光农业""创意农业""都市农业""旅游农业"以及"乡村旅游"等，鉴于此，我们认为这些术语在一定程度上是可以互换的。

一、休闲农业的内涵

休闲农业是指利用农业田园景观、自然生态和环境资源，以农、林、牧、渔业生产和农业经营活动以及农村文化和农村家庭生活为依托，以休闲为特色，以增进人们对农、林、牧、渔业及农产品的生产加工、农业经营活动、农村文化生活等体验为目的，吸引消费者前来观赏、品尝、购物、劳作、体验、休闲、度假的具有生产、生活、生态"三生一体"特点和一二三产业功能特性的新型产业形态。

休闲农业通过对农业资源潜力的深度开发，能够增加农民收入、调整农业结构和改善农业环境。在综合性的休闲农业区，游客不仅可观光、采摘、体验农作、了解农民生活、享受乡土情趣，而且可住宿和度假。

休闲农业是一种新兴产业，区域农业与休闲旅游业有机融合并互生互化是其本质。休闲农业主要围绕"农"字做活农业旅游：体验"农"的氛围、参与"农"的生活、享受"农"的风情、感受"农"的文化、接受"农"的教育，充分挖掘农业农村中"农"的内涵。

由此可见，休闲农业是以深入开发具有旅游价值的农业资源与农产品为前提，把农业生产、科技成果转化、艺术文化导入和游客参与融为一体的农业旅游活动，是一种生产、生活、生态"三生一体"的多功能性产业，其目的是结合休闲，盘活农村资源、促进农业转型、扩大农村就业、提高农户收益、繁荣乡村经济。

可以从以下五个方面来解读休闲农业的内涵。

第一，农业、农村、农民是休闲农业的资源基础。休闲农业是从农产品、农民、农业和农村等几个方面不断向外延伸拓展的产业。①从农产品不断向外延伸、拓展，有利于对农产品进行深加工、延长产业链，开发农产品的多种消费利用途径，将生产、销售、服务联结为一体，进一步拓展农产品市场空间，特别是满足休闲消费的需要。②从农民向外延伸拓展主要是充分发挥和利用农村丰富的剩余劳动力，在对农民进行培训和教育的基础上，将农民从农业生产领域引领到农产品加工、销售和休闲服务行业。③从农业自身延伸主要是充分发挥和利用农业的多功能性和农业特有的生产经营方式，创造优美的绿色生态休闲环境，为人们提供观光旅游、休闲养生、生产体验、娱乐教育等多种休闲服务。④从农村自身延伸主要是利用农村的传统文化、生活起居、自然生态等资源，为人们提供特有的休闲服务。从地域的角度看，休闲农业应该基本上等同于乡村地区的休闲产业，或称"乡村休闲"。由此，相关政策的重点应该逐渐从"产业"（农业）转到"地域"（农村），从"地域"转到"经济行为主体"（农民），否则，极有可能陷于农业本位主义，就农业谈农业，就农村谈农村。

第二，一二三产业融合是休闲农业的经营内容。休闲农业不仅是农业发展的一个新领域，而且是休闲产业发展的一种新业态，以"农"为基础，又超越"农"，其范围不仅涉及包括农、林、牧、副、渔业在内的大农业，还融合了大量第三产业和部分制造加工业，是一个典型的农业生产、农民生活和农村生态合而为一的综合性"三生有幸"产业。在经营上集农业产销、农产品加工及游憩服务三级产业于一体。休闲农业经营的方向是由"产品经济"转向"服务经济"，使农业生产从一级产业转化为三级产业，并将之市场化和商品化，把发展农业差异化与优质化作为竞争战略来提升其竞争力。

第三，生产、生活与生态是休闲农业的服务宗旨。休闲农业是结合生产、生活与生态的"三生一体"的农业，即利用田园景观、自然生态等环境资源，以野生生物和农业生物为载体，以农业科技为依托，以产业化经营为主线，以为人们提供满意的休闲服务为宗旨，以实现农村发展和农民增收为根本目的。换言之，休闲农业可定位于"三卖"：卖生态、卖生活和卖生产，而且是能给游客增加奇趣、异趣、野趣、土趣、赏趣、乐趣、买趣的多功能农业。

第四，农场之美、农产品之美和人文之美是休闲农业的体验价值。休闲农业作为一种体验经济，其生命力依赖于"三美"，即农场之美、农产品之美和人文之美。

第五，有效利用农村土地的栽培力、负载力和区位力，提升休闲农业产业发展水平。善用栽培力发展农业生产，善用负载力发展农产品加工业，善用区位力发展旅游服务业。同时，善用"三力"也是经营特色休闲农业的重要指标。

二、休闲农业的功能

1. 游憩功能
休闲农业可以为游客提供观光、休闲、体验、娱乐、度假等各种活动的场所和服务，有利于人们放松身心，缓解紧张工作和学习带来的压力，陶冶性情。

2. 文化功能

休闲农业包含农村民俗文化、乡村文化和农业产业文化，在为游客提供各种农村文化活动的同时，也能促进农村文化发展。

3. 教育功能

休闲农业可以为游客提供了解农业文明、学习农业知识、参与农业生产活动的机会，是融知识性、科学性、趣味性于一体的农业生态科普园地。

4. 医疗功能

休闲农业区具有优美的自然环境、新鲜的空气、宁静的空间，有利于人们的身心健康，有养生保健之功效。

5. 经济功能

休闲农业是农民就业和增收的重要途径，有利于农村剩余劳动力的就地就近转移，是调整农村产业结构的重要方式，有利于农村经济的快速发展。

6. 社会功能

休闲农业为都市居民与农村居民提供交流平台，有利于农村经济的发展和农村面貌的改善，有利于促进农村社会的进步，缩小城乡差距。

7. 环保功能

休闲农业可以保护和改善生态环境，维护自然生态平衡，提升环境品质，有利于生态系统良性循环。

三、休闲农业的特性

休闲农业是农业与旅游业的深度融合，因此它具有农业与旅游业的相关特性，主要表现在生产性、自然性、商品性、市场性、季节性和可持续性六个方面。

1. 生产性

休闲农业是农业生产、农产品加工和游憩服务业三级产业相结合的农业形态。

2. 自然性

休闲农业活动以农业自然生态本色为中心，体现人与自然的和谐发展，为游客提供亲近自然、回归自然的机会。

3. 商品性

休闲农业所提供的休闲产品、休闲活动和休闲服务，具有服务业商品的特性。

4. 市场性

休闲农业的消费趋向一般是从城市流向农村，其市场目标是城市，要优先为城市游客提供休闲服务。

5. 季节性

休闲农业季节性明显，一年四季不同。农业生产具有显著的生命周期节律性，因而休闲农业也有淡旺季之分，季节性强。

6. 可持续性

休闲农业是体现生产、生活和生态"三生一体"的农业经营方式，可充分实现农业的持续、协调发展。

第二节　休闲农业的产生和发展

一、休闲农业的产生背景

休闲农业起源于 19 世纪 30 年代的欧美国家。随着城市化进程加快，人口急剧增加，为了缓解都市生活的压力，人们渴望到农村享受暂时的悠闲与宁静，体验乡村生活。于是生态休闲农业逐渐在意大利、奥地利等国兴起，随后迅速在欧美国家发展起来。

休闲农业发展的大事件：1855 年，巴黎贵族组织到乡村度假旅游；1865 年，意大利成立农业与旅游全国协会；20 世纪 60

年代，西班牙开创世界乡村旅游先河；20世纪80年代，德国出现多功能休闲农场、市民农园；20世纪90年代，中国推出乡村文化旅游。

休闲农业一词来源于英文 Agritourism / Agro Tourism，是人们将农业（Agriculture）和旅游（Tourism）两个词组合起来翻译的。对于休闲农业，目前有都市农业和乡村旅游的说法。

休闲农业的产生和发展，有其内在原因：①农业生产方式改变和农业多功能拓展；②农村资源和文化要素丰富；③经济社会发展和人民生活水平提高；④城市压力加大和休闲需求增加。

休闲农业在国外的发展先后经历了萌芽阶段、初期发展阶段、蓬勃发展阶段和创意发展阶段四个阶段（见表1–1）。

表1–1　国外休闲农业的发展阶段

阶段划分	萌芽阶段	初期发展阶段	蓬勃发展阶段	创意发展阶段
具体时期	19世纪30年代—20世纪中期	20世纪中期—20世纪70年代	20世纪70年代—20世纪90年代	20世纪90年代至今
发展业态	旅游业的分支	交叉产业	规模产业	创意农业

二、休闲农业在我国的发展

1. 发展阶段

改革开放后，我国休闲农业开始兴起；20世纪90年代以后开始步入发展阶段；进入21世纪，休闲农业走上了规范化的发展轨道，显示出极强的生命力及巨大的发展潜力。我国休闲农业的发展可以分为以下三个主要阶段：

（1）早期兴起阶段（1980—1990年）

改革开放初期，靠近城市和景区的少数农村利用当地特有的旅游资源，自发地开展了形式多样的农业观光和农业节庆活动。这一时期是以观光为主的参观性农业旅游，呈现出单一的农村观光特点。这个阶段的休闲农业是农民自发组织的，目的是为到乡村旅游的城市居民提供简单的食宿、观光和游乐服务，有的是与国家的"扶贫"活动相结合的，因而得到了政府的支持，但从整体看，这一阶段休闲农业的发展仍然具有自发性和盲目性的特点。

（2）初期发展阶段（1990—2000年）

靠近大、中城市郊区的一些农村和农户利用当地特有的农业资源环境和特色农产品开办了以观光为主的观光休闲农业园，开展采摘、钓鱼、种菜、野餐等多种旅游活动。在这一阶段，我国的农业和旅游业得到了迅速发展，开始发展观光与休闲相结合的休闲农业旅游，体现了观光与休闲相结合的休闲农业特点。

（3）规范经营阶段（2000年至今）

随着我国人民生活由温饱型全面向小康型转变，人民多样化的休闲旅游需求日益强烈。这一阶段休闲农业的主要特点是融合了观光、休闲、娱乐、度假、体验、学习、保健等功能。在各级政府的关注和支持下，休闲农业初具规模，体现了拓展农业综合功能的特点：①人们更加注重亲身的体验和参与，很多"体验旅游""生态旅游"的项目融入农业旅游项目之中，极大地丰富了休闲农业产品的内容；②人们更加注重绿色消费，休闲农业项目的开发也逐渐与绿色、环保、健康、科技等主题紧密结合；③人们更加注重文化内涵和科技内涵，农耕文化和农业科技型的旅游项目开始进入观光休闲农业园区；④政府积极关注和支持，组织编制休闲农业发展规划，制定评定标准和管理条例，使休闲农业开始走上规范化管理的健康发展道路；⑤休闲农业的功能由单一的观光功能拓展为观光、休闲、娱乐、度假、体验、学习、健康等综合功能。

2. 发展现状

近年来，缘于政策和市场双方的作用，人才、资金、管理、信息等要素加速向农村回流，我国休闲农业和乡村旅游开始蓬勃发展，产业规模迅速扩大，综合效益显著提高。据测算：2018年，全国休闲农业和乡村旅游业共接待游客超 30 亿人次，营业收入超过 8000 亿元。

休闲农业和乡村旅游的发展对生态文明、美丽中国建设发挥了巨大的促进作用。农业和农村发展由过度依赖资源和环境消耗向追求绿色、生态、可持续发展转变的态势逐步形成。

扎根于浓郁的乡土气息中，文化和创意如今成为农业产业发展的新动力。各地一方面注重保护传承农耕文化，另一方面积极将文化符号、文化元素注入农业，打造独具特色的主题文化，提高农产品附加值。

浙江省围绕"高效生态""特色精品"主题，积极调整优化农业产业、产品和区域结构，加快茶叶、水果、花卉等特色优势主导产业的发展，为消费者提供可供休闲、体验的空间和产品，同时发展生态循环农业，提高田园清洁化、绿化、美化水平。

云南省以中国重要农业文化遗产为依托，建设以体验农耕文化为主题的山水民族风情休闲农区，如红河哈尼梯田稻作系统和哈尼族长街宴。

内蒙古自治区巴彦淖尔市五原县打造出听农耕历史、看河套文化、体验农业乐趣的农耕文化产业园。

黑龙江省则突出龙江文化特色，深入挖掘关东文化、京旗文化、赫哲族文化等乡土文化和生态文化，开发出"人无我有"的民俗旅游产品。

西藏自治区依托当地独特的自然风貌和民俗文化，大力发展休闲农业，使农牧民吃上"休闲农业旅游饭"。

三、发展休闲农业的作用与意义

1. 发展休闲农业的作用

（1）发展休闲农业能够促进农民增收

发展休闲农业，能够使农民的农业生产收入与经营收入相叠加，在农民传统增收途径外开拓新渠道；能够使农民的就业收入与创业收入相叠加，提高资产性收入和资本性收入在农民收入中的比重；能够使季节性收入和长年性收入相叠加，保障农民收入"四季不断"。据测算，休闲农业每增加1个就业机会，就能带动整个产业链增加5个就业机会。一个每年可接待10万人次的休闲农庄，可实现年营业收入1000万元左右，可安置300名农民就业，并带动1000户农民家庭增收。可以说，发展休闲农业大大延伸了农业的产业链条，带动了相关配套产业的发展，已经成为新时期拓展农民就业增收空间、引领农民发家致富的重要举措。

（2）发展休闲农业能够改造传统农业

发展休闲农业，有助于带动农业基础设施建设，改善农业生产条件，提高农业抵抗自然风险的能力；有助于促进农业标准在休闲农业生产基地的贯彻落实，提升农产品质量安全水平；有助于加强农产品生产基地建设，改变农业生产规模小、格局散的情况，实现适度规模经营；有助于一二三产业融合发展，产加销一体化经营，加快农业经营方式的创新；有助于改善农业生态环境，实现农业生产的平衡发展、循环发展和可持续发展，从而促进农业装备科技化、生产设施智能化和管理运营现代化，加快传统农业向现代农业转变的进程。发展休闲农业，有力地促进了传统农业向现代农业、高效产业的转变。

（3）发展休闲农业有助于建设美丽乡村

发展休闲农业，能够促进农业生产基地转变为休闲农业景区，使农业与农村成为市民走进自然、认识农业、陶冶性情的新天地；能够促进村容村貌的整治，改变传统农村脏、乱、差的状况；能够带动农村基础设施建设，改变农村水、电、路等基础设施落后的状况，改善农村发展环境；能够引导城市人才、技术与资金等生产要素流向农村，促进农村整体发展。发展休闲农业是建设社会主义新农村，实现村容整洁、乡风文明、管理民主的重要举措，使农村逐步转变为农民的美丽家园。

（4）发展休闲农业能够满足城乡居民的休闲消费需求

发展休闲农业，能够提供绿色生态农产品和特色农业景观，为城乡居民打造宽松的休闲观光场所；能够提供农业生产环节体验功能，为城乡居民打造农事体验场所；能够提供农业劳动参与服务，为城乡居民打造运动健身场所；能够促进乡土民俗文化的休闲化，为城乡居民打造寓教于乐的文化传播场所。

2. 发展休闲农业的意义

（1）经济意义

①休闲农业可促进农村劳动力的转移，提高农民收益；②休闲农业可促进农村产业结构的调整和农村一二三产业的融合发展，提高产业收益；③休闲农业可促进区域经济发展，提高整体收益。

（2）社会意义

①休闲农业是传统农业向现代农业转变的重要表现；②休闲农业是中国农业与世界农业接轨的重要选择；③休闲农业是社会可持续发展的重要途径；④休闲农业有助于推动城乡一体化的进程；⑤休闲农业有利于促进农业资源要素的有效整合；⑥休闲农业有利于促进乡风文明的建设。

第三节　我国休闲农业的发展政策

我国休闲农业兴起于改革开放之后，20世纪90年代以来，经济社会的发展和居民生活水平的提高为休闲农业的快速发展提供了可能。"十二五"以来，全国休闲农业取得了长足发展，呈现出发展加快、布局优化、质量提升、领域拓宽的良好态势，已成为经济社会发展的新亮点。"十三五"时期，随着城乡居民生活水平的提高、闲暇时间的增多和消费需求的升级，休闲农业仍有旺盛的需求，仍处于黄金发展期。休闲农业能够不断发展壮大，离不开政府的引导和扶持。

一、"九五"期间我国开展与休闲农业相关的主题活动

早在"九五"期间，我国便多次开展了与休闲农业相关的主题活动，这在一定程度上促进了休闲农业的发展。

1998 年，国家旅游局推出"华夏城乡游"，提出"吃农家饭、住农家院、做农家活、看农家景、享农家乐"的口号，有力地推动了我国休闲农业的发展。

1999 年，国家旅游局推出"生态旅游年"，充分利用和保护乡村生态环境，开展乡村农业生态旅游，进一步促进了我国休闲农业的发展。

二、"十五"期间我国休闲农业的主要支持政策

"十五"期间，国内部分省（区、市）针对大众需求，积极探索和践行休闲农业发展之道，在区域范围内出台了相关支持政策与法规。

作为全国最早发展农业旅游的城市，北京在"十五"期间走上了规范化管理道路，发展提速。2004 年，北京市组织成立了全国第一家观光休闲农业领域的行业协会，会员类型以旅游村和观光农业园为主，还包括旅行社、企划公司和专家学者，在全国乡村旅游方面走在了前列。从 2004 年开始，北京市制定并实施《北京市观光农业示范园评定标准（试行）》，编制了北京市地方标准《乡村民俗旅游村等级划分与评定》和《乡村民俗旅游户等级划分与评定》。2005 年，北京市农业委员会、北京市旅游局、北京市发展和改革委员会共同编制了《北京市乡村旅游发展规划（2005—2010 年）》，成为全国较早完成乡村旅游总体规划的地区之一。该规划对乡村旅游的发展方向、布局、建设重点、政策措施等进行了前瞻性、可操作性的研究，为全市的乡村旅游发展制定了总体战略和发展目标，促进了乡村旅游的持续、健康、有序发展。

三、"十一五"期间我国休闲农业的主要支持政策

2005 年 10 月，中国共产党十六届五中全会通过了《中共中央关于制定国民经济和社会发展第十一个五年规划的建议》，提出要按照"生产发展、生活宽裕、乡风文明、村容整洁、管理民主"的要求，扎实推进社会主义新农村建设。在新农村建设中，休闲农业作为新型农业发展模式，在全国各地，特别是距离城市较近的、交通方便的县、镇、村开展起来。

2006 年 8 月，为促进乡村旅游的健康发展，国家旅游局颁布了《关于促进农村旅游发展的指导意见》，开展了乡村旅游"百千万工程"，在全国推出 100 个特色县、1000 个特色乡、10000 个特色村；同时，国家旅游局推出"新农村、新旅游、新体验、新风尚"，推动乡村旅游更好更快地发展，为建设社会主义新农村作贡献。

2007 年的中央一号文件提出："农业不仅具有食品保障功能，而且具有原料供给、就业增收、生态保护、观光休闲、文化传承等功能。建设现代农业，必须注重开发农业的多功能，向农业的广度和深度进军，促进农业结构不断优化升级。"文件明确了要开发农业多种功能，休闲农业的发展在促进农民就业、提高农民收益和促进新农村发展等方面具有重大意义。在发展休闲农业时应大力发展特色农业，因地制宜发展非物质产品和产业，特别要重视发展园艺业、种养殖业和乡村旅游业。

2007 年 3 月，国家旅游局、农业部联合下发《关于大力推进全国乡村旅游发展的通知》，提出"围绕社会主义新农村建设的总体目标，充分发挥农业和旅游两个行业的优势，统筹安排，加强服务，因地制宜，分类指导，通过开展'百千万工程'建设，进一步推动乡村旅游发展，加快传统农业转型升级，促进农村生态和村容村貌改善，吸纳农民就业，增加农民收入，为社会主义新农村建设作出积极贡献"。

2008年年初，农业部农村社会事业发展中心成立休闲农业处，指导和管理全国休闲农业发展。

2009年，为贯彻党的十七大关于生态文明建设的总体部署，落实全面、协调、可持续的科学发展观，国家旅游局将2009年确定为"中国生态旅游年"，主题口号为"走进绿色旅游 感受生态文明"，这为休闲农业的发展提供了新的契机。

2010年，农业部、国家旅游局联合开展全国休闲农业与乡村旅游示范县和全国休闲农业示范点创建活动，旨在加快休闲农业和乡村旅游发展，推进农业功能拓展、农村经济结构调整、社会主义新农村建设，促进农民就业增收。

四、"十二五"期间我国休闲农业的主要支持政策

2013年的中央一号文件明确提出，"发展乡村旅游和休闲农业""推进农村生态文明建设""努力建设美丽乡村"。

2015年年初，农业部专门成立了由农业、经济、旅游、规划设计等领域的27位院士、专家组成的全国休闲农业专家委员会，开展全国休闲农业的发展现状、典型模式、存在问题、政策建议等研究，以充分借助外智，更好地履行休闲农业行业管理职能。

2015年9月，农业部发布了《关于积极开发农业多种功能大力促进休闲农业发展的通知》，要求进一步优化政策措施，开发农业多种功能，大力促进休闲农业发展，着力推进农村一二三产业融合发展。

2015年的中央一号文件提出，推进农村一二三产业融合发展，"积极开发农业多种功能，挖掘乡村生态休闲、旅游观光、文化教育价值。扶持建设一批具有历史、地域、民族特点的特色景观旅游村镇，打造形式多样、特色鲜明的乡村旅游休闲产品。加大对乡村旅游休闲基础设施建设的投入，增强线上线下营销能力，提高管理水平和服务质量。研究制定促进乡村旅游休闲发展

的用地、财政、金融等扶持政策，落实税收优惠政策。激活农村要素资源，增加农民财产性收入"。

五、"十三五"初期我国休闲农业的主要支持政策

2016 年以来，国家连续出台政策，助力休闲农业发展。

2016 年的中央一号文件提出"大力发展休闲农业和乡村旅游"，依托农村绿水青山、田园风光、乡土文化等资源，大力发展休闲度假、旅游观光、养生养老、创意农业、农耕体验、乡村手工艺等，使之成为繁荣农村、富裕农民的新兴支柱产业。

《2016 年国务院政府工作报告》中强调，当前我国发展正处于这样一个关键时期，必须培育壮大新动能，加快发展新经济，要推动新技术、新产业、新业态加快成长，以体制机制创新促进分享经济发展。

2015 年 10 月通过的《中共中央关于制定国民经济和社会发展第十三个五年规划的建议》中提到，拓展农业多种功能，推进农业与旅游休闲、教育文化、健康养生等深度融合，发展观光农业、体验农业、创业农业等新业态。

2016 年 9 月，农业部会同国家发展和改革委员会、财政部等 14 个部门联合印发了《关于大力发展休闲农业的指导意见》（以下简称《指导意见》）。《指导意见》提出，到 2020 年，布局优化、类型丰富、功能完善、特色明显的休闲农业产业格局基本形成；社会效益明显提高，从事休闲农业的农民收入较快增长；发展质量明显提高，服务水平较大提升，可持续发展能力进一步增强，成为拓展农业、繁荣农村、富裕农民的新兴支柱产业。《指导意见》的出台表明我国积极开展休闲农业相关政策研究，加快行业标准制定，推进管理规范化和服务标准化，夯实政策创设基础。在国家政策的指引下，各地纷纷出台落实措施，安徽、山西等省已相继出台了推动休闲农业发展意见，大部分省还编制了休闲农业的"十三五"发展规划。湖北、山东、广东、四

川、新疆等地都安排了专项财政资金支持休闲农业发展。

2016年10月，国务院发布的《全国农业现代化规划（2016—2020年）》也再次对拓展农业的多种功能做出部署，强调要拓展农业多种功能。依托农村绿水青山、田园风光、乡土文化等资源，大力发展生态休闲农业。采取补助、贴息、鼓励社会资本以市场化原则设立产业投资基金等方式，支持休闲农业和乡村旅游重点村。改善道路、宽带、停车场、厕所、垃圾污水处理设施等条件，建设魅力村庄和森林景区。加强重要农业文化遗产发掘、保护、传承和利用，强化历史文化名村（镇）、传统村落整体格局和历史风貌保护，传承乡土文化。

2016年，针对休闲农业和乡村旅游管理者，农业部围绕休闲农业扶持政策、发展战略、规范设计、营销推介等开展培训和交流，培训各类人员4000多名，极大地提升了管理人员的政策水平和业务能力。同时，鼓励高等院校、职业学校开设休闲农业和乡村旅游相关专业和课程，指导中国农业出版社和中央农业广播电视学校（即农广校）编写休闲农业和乡村旅游教材，为产业发展提供人才储备和智力支持。

2017年的中央一号文件从前所未有的高度和笔墨关注休闲农业，就休闲农业发展的各相关方面均提出了指导性的政策意见。

首先，2017年的中央一号文件提出"壮大新产业新业态，拓展农业产业链价值链"，明确要"大力发展乡村休闲旅游产业""充分发挥乡村各类物质与非物质资源富集的独特优势，利用'旅游＋''生态＋'等模式，推进农业、林业与旅游、教育、文化、康养等产业深度融合"。无论是各地政府还是想要进军休闲农业行业的个人，可考虑结合本地现有旅游资源、特色文化等方面进行深度开发，挖掘能够与休闲农业深度融合的方式。例如，不定期开展各项特色民俗活动、传统节庆活动、体育运动竞技、研学游学活动、传统文化活动，增加活跃度和人流量。"丰富乡村旅游业态和产品，打造各类主题乡村旅游目的地和精品线路，发展富有乡村特色的民宿和养生养老基地"，就要求各地方的旅游局、农业局、交通局等各相关部门结合乡土特色、地域文化、旅游景点分布等特点，打造乡村旅游基地和路线。对于个人创业者而言，可以结合当地整体旅游主题选择某一相关主题，与整个当地旅游资源相协调，并争取成为主要精品旅游线路上的一处景点。特色民宿和养生养老基地要注重与环境和谐共融，打造健康的生态环境。当然这也涉及与当地相关部门沟通，寻求帮助，实现共赢。"鼓励农村集体经济组织创办乡村旅游合作社，或与社会资本联办乡村旅游企业。多渠道筹集建设资金，大力改善休闲农业、乡村旅游、森林康养公共服务设施条件，在重点村优先实现宽带全覆盖。"乡村旅游网络也是一个硬需求，所以在乡村旅游网络建造过程中，硬件设施一定要跟上。"完善休闲农业、乡村旅游行业标准，建立健全食品安全、消防安全、环境保护等监管规范。支持传统村落保护，维护少数民族特色村寨整体风貌，有条件的地区实行连片保护和适度开发。"现在各地为了发展经济，乡村旅游乱象频生，旅游事故频发，反映出来的本质问题就是粗暴发展经济，没有建立健全食品安全、消防安全、环境保护等监管规范机制。为了迎合"现代化"而破坏了当地特色风貌的行为可以停止了，要因地制宜，适度开发。"围绕有基础、有特色、有潜力的产业，建设一批农业文化旅游'三位一体'、生产生活生态同步改善、一产二产三产深度融合的特色村镇。支持各地加强特色村镇产业支撑、基础设施、公共服务、环境风貌等建设"，国家规划到2020年，培育1000个特色小镇，同时还要实施"千企千镇"工程。"支持有条件的乡村建设以农民合作社为主要载体，让农民充分参与和受益，集循环农业、创意农业、农事体验于一体的田园综合体，通过农业综合开发、农村综合改革转移支付等渠道开展试点示范。深入实施农村产业融合发展试点示范工程，支持建设一批农村产业融合发展示范园。"特色小镇选址应符合城乡规划、土地利用总体规划要求，相对独立于城市和乡镇建成区中心，原则上布局在城乡接合部，以连片开发建设为宜。特色小镇规划要突出特色打造，彰显产业特色、文化特色、建筑特色、生态特色，形成"一镇一风格"。因此，最好是带动本地农民发展农业产业，集中向循环、创意、农事体验的方向建设。只有这样才能得到更好、更长远的发展，还能获得政府更有力的支持。农业综合开发资金、农村改革和乡村建设资金都会向这个方向倾斜。对于产业融合来讲，第一产业是基础，重点发展绿色循环农业、优质农产品生产。以农产品加工业为引领，促进产业融合发展。休闲农业和乡村旅游是拓宽产业融合的发展途径。所以休闲农业一定不能脱离农业搞成单纯的旅游业，休闲农业要想长远发展离不开第一产业和第二产业的支撑。

其次，2017年的中央一号文件提出"强化科技创新驱动，引领现代农业加快发展"，现代农业的发展离不开科技的进步，休闲农业也是这样。因此，休闲农业可以向智慧农业园区、物联网园区、科技成果展示与推广园区、科技人才培育等方向发展，在产业上向高效、优质、绿色、高产方向探索。

再次，2017年的中央一号文件提出"补齐农业农村短板，夯实农村共享发展基础"，农村的生产生活基础设施、生活环境、公共服务等水平和贫困村脱贫是"三农"领域投入的重点，在这些方面的投入每年都会增加。休闲农业的建设可以与特色乡镇、美丽乡村等建设相结合。

最后，2017年的中央一号文件还提出"加大农村改革力度，激活农业农村内生发展动力"。这一部分内容主要强调国家对"三农"领域的支持力度，从农业补贴、财政投入、金融创新、农村产权制度改革、用地、机制体制等各个方面对"三农"领域给予相关的支持，特别是在制约休闲农业发展的用地方面明确了政策支持方向："允许通过村庄整治、宅基地整理等节约的建设用地采取入股、联营等方式，重点支持乡村休闲旅游养老等产业和农村三产融合发展，严禁违法违规开发房地产或建私人庄园会所"。

2017 年，国家继续加大力度扶持农业优势产业，以贴息、补助等方式带动更多的社会资本投入，大力发展农业优势产业，其中休闲农业项目也在国家重点扶持政策范围内。表 1-2 列出了 2017 年度国家对休闲农业项目的相关扶持政策。

表 1-2　2017 年国家对休闲农业项目的扶持政策

序号	休闲农业项目	补贴额度	申报时间
1	扶贫项目	—	1 月
2	一二三产业融合试点项目	项目总投资的 30%	5 月
3	现代农业园区试点申报项目	省级 1000 万～2000 万元、国家级 1 亿～2 亿元	6 月
4	中小企业技术创新基金现代农业领域项目	80 万元	6—7 月
5	"一县一特"产业发展试点项目	300 万～500 万元	10 月
6	龙头企业带动产业发展试点项目	500 万～800 万元	10 月

2018 年的中央一号文件围绕乡村振兴战略，从政策支持、技术支撑、融合发展、资金土地、教育培训、人才引进、资源保护、脱贫攻坚、乡村法治等方面为农业农村优先发展做出了精密部署，也为休闲农业发展创造了条件。

首先，2018 年的中央一号文件指出，要坚持城乡融合发展，到 2020 年乡村振兴取得重要进展，制度框架和政策体系基本形成；到 2035 年，乡村振兴取得决定性进展，农业农村现代化基本实现；到 2050 年，乡村全面振兴，农业强、农村美、农民富全面实现。其中的关键词"融合发展""现代化"都需要集体的力量和龙头示范引领，而休闲农业中的休闲农庄、田园综合体、特色小镇等是有组织有领导的融合机制新型产业业态，在乡村振兴中具有带动、示范、引领作用。因此，相关政策都会加大对休闲农业经营主体的支持力度。

其次，2018年的中央一号文件明确提出，要"提升农业发展质量，培育乡村发展新动能""构建农村一二三产业融合发展体系""大力开发农业多种功能，延长产业链、提升价值链、完善利益链，通过保底分红、股份合作、利润返还等多种形式，让农民合理分享全产业链增值收益""实施休闲农业和乡村旅游精品工程，建设一批设施完备、功能多样的休闲观光园区、森林人家、康养基地、乡村民宿、特色小镇。对利用闲置农房发展民宿、养老等项目，研究出台消防、特种行业经营等领域便利市场准入、加强事中事后监管的管理办法。发展乡村共享经济、创意农业、特色文化产业"。休闲农业作为现代农业特色产业，是乡村发展的方向，更是农村一二三产业融合发展的有效载体。休闲农业中的田园综合体、休闲农庄、特色小镇等本身就是一个农村一二三产业融合发展多形式的组合模式，明确这一组合还会得到更大的发展空间和政策支持力度。

再次，2018年的中央一号文件提出，"推进乡村绿色发展，打造人与自然和谐共生发展新格局""增加农业生态产品和服务供给。正确处理开发与保护的关系，运用现代科技和管理手段，将乡村生态优势转化为发展生态经济的优势，提供更多更好的绿色生态产品和服务，促进生态和经济良性循环。加快发展森林草原旅游、河湖湿地观光、冰雪海上运动、野生动物驯养观赏等产业，积极开发观光农业、游憩休闲、健康养生、生态教育等服务。创建一批特色生态旅游示范村镇和精品线路，打造绿色生态环保的乡村生态旅游产业链"。文件进一步明确了休闲农业对实施乡村振兴战略引领的重要性。

最后，2018年的中央一号文件在"深化农村土地制度改革"中更是明确了要"预留部分规划建设用地指标用于单独选址的农业设施和休闲旅游设施等建设"，为解决休闲农业发展土地这一重要要素投入问题指明了方向。休闲农业是农业和旅游业相结合

的产业，具有以土地为根本、以服务为主要内容的产业特征。要
发展休闲农业，除了资本和人力要素的投入以外，还有赖于土地
要素的投入。土地的规划利用直接关系到休闲农业组织形式、发
展规模、经营管理水平以及标准化推进的难易程度，关系到休闲
农业升级的成败。

第二章
国外休闲农业发展面面观

　　农业经济功能、社会功能、教育功能、环保功能、游憩功能、保健功能、文化传承功能等多种功能在旅游业中逐渐得以开发和应用。休闲农业起源于欧美。休闲农业的萌芽开始于1865年意大利成立的农业与旅游全国协会。19世纪50年代后期，出现了休闲农业专职从业人员，标志着休闲农业成为一个新兴产业，并进入全面发展阶段。20世纪70年代，在日本和欧美等发达国家休闲农业产业逐步开始形成规模。国外休闲农业的发展经验，为中国发展休闲农业提供了很好的范本。

第一节　意　大　利

1. 典型案例

　　截至2018年，意大利有1.15万家专门从事"绿色农业旅游"的管理企业，它们管辖的景区主要分布在中部的托斯卡纳大区、翁布里亚大区、马尔凯大区，南部的坎帕尼亚大区以及北部的威尼托大区、特伦蒂诺大区和利古里亚大区。据意大利环境联盟执委会介绍，这些景区为不同的游客提供了类型不同的个性化服务。目前，这些景区中有70%以上的景区配有运动与休闲器械，供那些喜欢健身运动的游客使用；55%的景区为游客提供外语服务，为外国游客解决语言不通的困难；50%以上的景区提供包括寄养家庭宠物在内的多种服务项目。

2. 总体特征

意大利农业旅游区的管理者们利用乡村特有的丰富自然资源，将乡村变成具有教育、游憩、文化等多种功能的生活空间。这种"绿色农业旅游"的经营类型多种多样，使乡村成为一个"寓教于农"的"生态教育农业园"，人们不仅可以从事现代的健身运动，还可以体验农业原始耕作时采用的牛拉车，甚至还可以手持猎枪当一回猎人，或是模仿手工艺人亲手制作陶器等。

3. 经验借鉴

意大利人喜爱"绿色农业旅游"，这与该国政府重视环保、发展生态农业不无关系。尤其是近几年，意大利的生态农业发展很快，生态农业耕地面积也在不断扩大。

第二节　美　国

1. 典型案例

美国弗雷斯诺（Fresno）农业旅游区由弗雷斯诺市东南部的农业生产区及休闲观光农业区构成。区内有美国重要的葡萄种植园及产业基地，以及广受都市家庭欢迎的赏花径、水果集市、薰衣草种植园等。旅游区采用"综合服务镇＋农业特色镇＋主题游路线"的立体架构。综合服务镇交通区位优势突出，商业配套完善；农业特色镇打造优势农业的规模化种植平台，生产、旅游、销售相互促进；主题游路线重要景点类型全面，功能各有侧重。

2. 总体特征

美国市民农园采用农场与社区互助的组织形式，参与市民农园的居民与农园的农民共同分担成本、风险和盈利。农园尽最大努力为市民提供安全、新鲜、高品质且低于市场零售价格的农产品，市民为农园提供固定的销售渠道，双方互利共赢，在农产品生产与消费之间架起一座连通的桥梁。

3. 经验借鉴

美国的休闲农业采用资源导向型的片区发展模式，产业强者重在生产销售，交通优者重在综合服务，生态佳者重在度假。做足体验性，同时把握重点人群需求，针对青少年家庭市场做足农业体验，针对会议人群做强硬件设施与配套娱乐等。另外，旅游区可通过丰富的节庆活动提升品牌影响力。

第三节　法　国

1. 典型案例

法国的普罗旺斯 – 阿尔卑斯 – 蓝色海岸大区位于地中海沿岸，阳光充足灿烂，适合特色植物薰衣草的生长。因此，普罗旺斯薰衣草几乎世界闻名，吸引着来自世界各地的度假人群欣赏花海，普罗旺斯也成为法国最美丽的乡村度假胜地。旅游度假带动了薰衣草系列产品的销售，同时，当地的葡萄酒、橄榄油、松露等特色食品也享誉世界，再加上持续不断的旅游节庆活动，这些都为普罗旺斯营造出了浓厚的节日氛围和艺术氛围。

2. 总体特征

法国的休闲农业在政府推出"农业旅游"后得到较快的发展，休闲农业的发展以农场经营为主。这些农场基本上是专业化经营，主要有农场客栈、点心农场、农产品农场、骑马农场、教学农场、探索农场、狩猎农场、暂住农场以及露营农场等九种不同性质的特色农场。

3. 经验借鉴

法国休闲农业的发展得益于多个非政府组织机构的联合，各行业协会在政府的政策指导下制定相关的行业规范和质量标准，推动以农场经营为主的休闲农业快速发展。

第四节　德　国

1. 典型案例

德国人首创的生活生态型市民田园——施雷伯田园，独门独院，各具风格，充满了大自然情趣和文化气息，如同微缩的露天民居博物馆。在每一户小田园里，主题建筑是童话世界般的"小木屋"，院子里有过去的辘轳井，地上摆放着精美可爱的小风车和各种家禽模型。小木屋门前有长满各种奇异花草和蔬菜的园地，园地里的花草和蔬菜只许种不许收。秋后枯萎的蔬菜和花草覆盖住潮湿的土地，可以保护地里的水分，既能避免秋冬刮风带起沙尘，又可以在第二年春天时翻到土里作肥料。

2. 总体特征

德国的休闲农业大致可分为度假农场、乡村博物馆及市民农园等三种类型。其中，比较有代表性的是市民农园，主旨是向市民提供体验农家生活的机会，使久居都市的市民享受田园之乐。经营方向也由生产导向转向以农业耕作体验与休闲度假为主，采用生产、生活及生态"三生一体"的经营方式。

3. 经验借鉴

市民农园的土地来源于两大部分：一部分是镇、县政府提供的公有土地；另一部分是居民提供的私有土地。每个市民农园的规模约2公顷，大约50户市民组成一个集体，共同承租市民农园。租赁者与政府签订为期25～30年的使用合同，自行决定如何经营，但其产品不能出售。

第五节　日　本

1. 典型案例

日本岩手县小岩井农场是比较有特色的观光农园，农场主通过结合生产经营项目的改造，兴建了多种观光设施，包括动物广场、牧场馆、花圃自由广场、跑马场、射击场等，用富有诗情画意的田园风光、各具特色的设施和完善周到的服务吸引了大量的游客，为农场赢得了可观的经济收入。

2. 总体特征

一般而言，日本的休闲农业可分为自然景观、高品质农产品和体验型农业三种基本形态，有市民农园、观光果园、观光渔业、自然休养村、观光牧场、森林公园、自助菜园、农业公园等多种类型。日本观光农业主要以城郊互动型的都市农业著称，日本的都市农业主要集中于东京、大阪和中京三大都市圈。

3. 经验借鉴

1961年，日本政府出台了《农业基本法》，鼓励城市近郊农业由水稻生产向果蔬、园艺等劳动密集型作物栽培转型。其后，又先后出台了《日本蔬菜生产上市安定法》《批发市场法》《市民农园整备促进法》《农山渔村停留型休闲活动的促进办法》等法案，促进了农村旅宿型休闲活动功能的健全化，实现了农、林、渔业体验式民宿行业的健康发展，规范了绿色观光业的发展与经营。同时，随着日本加入世界贸易组织（WTO），日本通过采取相应激励措施（给予贷款及贴息）使小规模的园区得到了较快发展，生产手段也逐渐向自动化、设施化、智能化转变，生产经营管理向网络化发展。

第三章
我国休闲农业的发展模式

我国休闲农业大致可分为观光采摘园、生态农业园、民俗文化村、农家乐、度假休闲农庄、教育农园、高科技农业示范园区、市民农园等八种模式。

第一节　观光采摘园

【导读】

北纬39°最适合草莓的生长，大连金普新区就位于这一纬度。大连金普新区草莓基地的草莓种植面积达2000亩（1亩≈666.7平方米，下同），有25个采摘园，草莓品种达30多种。每年的1—5月是新鲜草莓采摘的最佳季节，每年的这个时候，大连金普新区都会举办草莓旅游文化节，吸引了大批国内外游客，备受本地居民和外地游客的欢迎。大连金普新区的草莓采摘园能够发展得好得益于以下做法。

1. 引进和培育新品种

大连金普新区引进和培育的草莓品种既包括京桃香、京留香、京藏香、粉红公主等国产品种，也包括红粉佳人、幸香、枥乙女、红颜等日系品种，平均亩产超过2000千克，培育的草莓新品种经常斩获国内外相关领域的大奖。

2. 保证草莓的品质与安全

以优质农家肥、豆饼肥、海洋肥等为底肥，病虫害防治坚持生物防治和物理防治相结合，蜜蜂传粉，自然成熟，不使用任何上色剂、增甜剂、膨大剂、催熟剂。各草莓基地设有质量检测站，实施草莓生产全过程的质量监控。

3. 政府给予资金支持

政府对九大草莓基地的采摘园实施财政补贴，对各种技术投入给予资金支持。

4. 打好旅游牌

大连金普新区通过设置草莓采摘基地引导路线、印制草莓节指南、发布草莓采摘攻略、组织媒体和旅行社踩线、启动草莓采摘直通车、开通草莓节咨询服务热线等方式，同时利用广播电视、网络媒体、微信微博、报纸杂志进行立体化、全方位推广，打造了大连市民近郊休闲旅游的新热点。

2018 大连草莓文化旅游节历时 5 个月，共接待市民游客 691 万人次，同比增长 10.5%，拉动旅游综合消费 82 亿元，同比增长 12.6%。通过举办草莓文化旅游节，大连金普新区整合滨海旅游度假、山岳历史文化、都市休闲农业三大旅游资源，将草莓产业与乡村旅游结合起来。通过政府引导、市场推进，推出"乘高铁、坐大巴、千车自驾游大连""踏雪寻莓泡温泉、畅游新区过大年"等 6 条精品线路，启动"文化金普·魅力非遗"系列展演暨迎新春联大派送、"东方文化第一泉"激情嬉雪·泡汤体验嘉年华、"老民俗·老味道"槐之乡暖冬年味美食节等 8 项系列活动，把文化节的活动搞得有声有色。活动突出"市民性、体验性、拉动性、国际性"四大特色，抓住了消费热点，打造了城市品牌。

一、什么是观光采摘园

观光采摘园是以果蔬资源为基础，以提高经济效益为目的，拓展农业多功能性,将果蔬产业与景观、文化、科技等要素结合,提供特色农业服务,满足消费市场多样化需求的现代农业产业形态。

观光采摘园是休闲农业中最常见的项目之一,游客不仅可以品尝到最新鲜的水果和蔬菜,还可以体验到收获的快乐。采摘园种类多样,根据经营特色不同,可分为亲子劳动型采摘园、全家游采摘型采摘园等;按照种植方式不同,可以分为设施采摘园和露地采摘园;按照果实的种类分,常见的有水果采摘园、蔬菜采摘园等。设施采摘园主要提供反季节采摘活动,如设施草莓采摘园可以在元旦、春节期间开放,深受游客欢迎,经济效益也非常好。露地采摘园在采摘期上有一定的局限性,但如果安排得当,也可以延长采摘期,如桃有特早熟、早熟、中熟、晚熟等品种,成熟期可以贯穿 5—10 月。橘子、桑葚、无花果、蓝莓、梨、苹果等都很适合采摘;一些根茎类蔬菜,如白萝卜、胡萝卜、芋头、红薯的采挖,也非常吸引孩子;樱桃、番茄在露地和设施内都可以栽培,现场采摘品尝,口味比在超市购买的鲜美,更重要的是有采摘的乐趣在其中。

二、观光采摘园的特征

1. 交通便捷

一般观光采摘园多选择建在城市周边的乡村、旅游景区景点周围、城镇周边等乘坐公共交通工具能够方便到达的地方。

2. 具备旅游观光的基础条件和基本旅游设施

采摘园规模不必太大,但要集中连片,园区内道路通畅,有停车场、卫生间、休息区等。

3. 品种多样,采摘时间长

依据观光采摘季节的不同,观光采摘园通常配置有丰富多样的作物品种,如水果、蔬菜、花卉、茶等,不同季节体验不同的采摘乐趣。

4. 选择合适的采摘园区名称

园区的名称应突出主题特色，如观光采摘果园、观光采摘菜园、观光采摘花园、观光采摘茶园等，使游客一目了然，有选择地采摘。

【案例】

黑龙江省大庆市大同区八井子农业观光采摘园位于大庆市安意路与油田西干线交叉路口的黄金路段，是以田园采摘为主的观光园。采摘园是从2006年5月开始组建的。2006年7月，第一批游客正式进入采摘园，当年全园共接待游客5000多人，创收50多万元。此后，经过几年的投资建设，目前园区共有观光采摘园10多处，种植瓜、果、蔬菜3大类60多个品种。盛果期后，每栋温室年产值在3万~5万元，每栋春秋棚室年产值在0.8万~2万元，园区每年可实现产值1000万元以上。园区还设有餐饮服务场所40多家，主要以炖笨鸡、杀猪菜等农家饭菜为主，还有焖土豆、烧鸡蛋、烧乳鸽等用农村土做法做出的具有八井子特色的野外烧烤系列美食。有"四位一体"家居旅馆30多家，还建成了农家乐民俗园、井园农业生态城、农业科技主题公园、井乡坑烤部落村寨等特色乡村游景点，形成了"春采桃、夏摘瓜、秋吃提子、冬赏桃花"全年可接待游客的繁荣景象，较好地推动了观光农业向纵深方向发展，农民也因此增收致富。八井子农业观光采摘园被评为"大庆市大同区十大旅游景点"、黑龙江省乡村旅游示范点、国家AAA级旅游景区和"黑龙江省100个最值得去的地方"。八井子农业观光采摘园具有以下特点。

1. 发挥产业优势

八井子乡是大庆市特色农业重点乡镇之一，以生产温室瓜果和特色农产品为主，在大庆市有很高的知名度。全乡瓜菜面积近年来都达到3.6万亩以上。

2. 规划大手笔

一是园区建设标准高。在建材选择上，日光温室大棚采用砖墙结构，春秋棚采用钢架结构。在技术上，完全采用东北地区最先进的管理模式进行栽培管理。二是栽植品种优。园区占地面积达 1100 亩，建有棚室 500 多栋，栽植有桃、香瓜、提子、西瓜、草莓等 10 多个系列、近百个品种。棚室与棚室之间的空闲地也栽植了李子、苹果、樱桃等。三是投入力度大。近年来，乡政府共投资 500 多万元，对园区主干线进行亮化、绿化、硬化，修建凉亭、小桥、甬道，栽植桃、李子等果树，扩宽硬化道路、安装路灯、给果蔬做造型、修建绿色提子长廊，新建集沼气、吊炕、卫生间和自来水为一体的"四位一体"新型住宅，体现了现代农业精品小区的风格。

3. 动脑筋想亮点

为了吸引游客，八井子乡采取还原老式住宅和展现老式农具、用具等手法新建了一处民俗园，使游客不仅能体验到采摘的乐趣，还能了解当地的民俗文化，丰富了旅游的内容，增加了园区的文化气息。

4. 农民经营意识、经商意识强

八井子乡农民很有经商头脑。早在 1998 年，八井子乡政府就通过考察论证，从辽宁省引进了错季桃树。当初勇于"吃螃蟹"栽桃树的农民都已是腰缠万贯，还带动了多户农民一起从事棚室鲜桃生产。此后，农民们又陆续引进甜瓜、提子等优特产品，一上市就成为"抢手货"。暮春四月，才刚是春耕时节，八井子乡采摘园里却已是桃满枝头、瓜香四溢。八井子乡田园采摘产业蓬勃兴起，让农民的钱袋子鼓了不少。副乡长齐迹算了一笔账：一栋棚室可栽桃树 300 棵，每棵树结桃 7.5 千克，按每千克桃 20 元计算，每栋棚室年收入可达 4.5 万元；甜瓜棚室单棚年收入也可达 4 万多元。

三、观光采摘园的发展思路

1. 科学规划，合理发展

在全面分析采摘园的自然条件后，确定采摘园的发展特色和发展模式，在此基础上，合理布局项目。采摘园区的整体设计要以生态、美观、便利为原则，可以根据不同果蔬的成熟期、观赏效果进行园区布局，一般将成熟期晚、观赏效果好、互动性强的品种放在主要位置或园区的中心位置，其他品种可以依次向外分布。

2. 特色采摘，特色体验

只有发展特色采摘，才能吸引游客。目前，成功的例子都是在特色和满足市场需求上下功夫，不断推出特色产品、新奇产品。例如，可以利用产品品种的差异性来展现自己的特色。比如，大家都种普通的大桃，你却选择种蟠桃，你就和别人不一样。一定要找出自己的产品或服务的差异点，对采摘园进行包装，打造自身品牌。差异性可以从多个角度寻找，可以将采摘园的产业链由单一的农产品生产延伸到农产品的加工体验、旅游商品销售、文创产品制作、采摘园各类活动举办等，将单一的采摘变为兴趣盎然的乡村休闲一日游。此外，还可以将采摘与科普探险、农事体验、农产品加工结合起来，让游客亲身体验农事活动的快乐，这种方式更能吸引小朋友，得到孩子们的偏爱。

3. 节庆推动，吸引人气

可以利用中国的传统节日及时下流行的节日在采摘园内举办各类休闲主题活动。例如，在清明节举办踏春节，在端午节举办包粽子比赛等亲子活动，在情人节举行相亲联谊活动，每年可举办一次摄影、书画比赛等，给游客一个出行的理由。北京市每年各地区都会开展相关的主题活动，如大兴区的西瓜节、门头沟区的樱桃节、平谷区的桃花节等，各地区借势发展，推出了自己的特色产品，既吸引了游客，又宣传了整个地区的农业特色。

4. 线上线下，立体营销

除了在采摘园现场采摘及购买特产外，还可设立自己的官网、淘宝销售平台等，实现农产品送到家服务，实现采摘园手工艺品线上展览销售等。此外，还可以利用微信公众号等自媒体进行实时播报，吸引游客前来采摘，在线下销售产品。

5. 规范管理，周到服务

使游客感觉到舒适、温馨是采摘园服务的重点，服务人员的人情味决定着采摘园留给人们的印象。譬如，一个声情并茂的讲解员，一个会带孩子认识蔬菜瓜果、制作美食的园区阿姨，都是游客可感可知的人情、乡情。

第二节　生态农业园

【导读】

江西省现代生态农业示范园，又名凤凰沟风景区，位于江西省南昌市南昌县黄马乡蓝园大道旁，距离南昌市中心 35 千米。这里属丘陵地势，占地面积 8 平方千米，是一个集"生态模式、科技集成示范、品种展示、科普教育、技术培训、农业体验、休闲观光"于一体的生态观赏园，园内常年有花，月月有果。

园区拥有 5000 多亩景观树木、2000 多亩茶园、600 多亩果园、100 多亩蚕桑园、1000 多亩水面和 2 千米长的抚河等资源。凤凰沟风景区充分利用自身珍贵的农业旅游资源和自然生态资源，将其与文化、科技相结合，把旅游开发定位为"生态休闲农业旅游"，精心打造"城市后花园"特色品牌。园区内不仅能看青山秀水、听鸟语、闻花香，还能体验真人 CS 丛林野战、茶海迷宫探秘、采茶制茶、植树、园艺制作、无患子天然手工皂制作、水果采摘、垂钓、烧烤等。另外，景区特产也十分丰富，有桑叶茶、茶叶枕、蚕丝被、蚕丝枕、蚕沙枕、桑果汁、桑葚冰酒等。

一、什么是生态农业园

生态农业园是指以在园区内建立农、林、牧、副、渔业综合利用的生态模式，形成林果粮间作、农林牧结合、桑基鱼塘等农业生态景观为主的休闲农业类型。这种休闲农业类型既可为游客提供观光、休闲的良好环境，又可为游客提供多种参与农业生产的机会，强调农业生产过程的生态性、艺术性和趣味性，具有良好的生态效益和社会效益。

【案例1】

北戴河集发生态农业观光园是我国首家以设施农业、农家乐旅游为特色，集生态、观赏、娱乐于一体的生态农业旅游观光AAAA级景区。园区总占地面积1500亩，分为综合活动区、采摘游乐区、观赏展示区，具有观光、住宿、吃饭、购物、游玩五大功能，充分展示了科技、农业和观光、娱乐的完美结合。

园区的四季花园由热带雨林植物、热带沙漠植物和南国花卉三个观赏区组成，共种植有150多个珍贵品种的观赏植物，游客可以看到开花的槟榔树、硕果累累的椰子树、造型别致的人心果树……可尽情领略异域风光。

四季菜园采用基质和水培等先进的栽培技术以及立柱式、墙壁式、牵引式等立体种植方法种植各种蔬菜，形成了"蔬菜树""水上菜"等奇特景观，游客可以在欣赏菜园风光的同时，体会到高科技给生活带来的乐趣。四季果园里聚集了从热带到温带的各种果树500多株，近50个品种。其中，热带果树有百香果、阳桃、蒲桃、龙眼、荔枝、莲雾、枇杷、波罗蜜、芭乐等20多个优良品种，形成了百果大聚会的奇观，游客还可以亲手采摘时令水果，享受采摘的乐趣。

四季瓜园采用无土栽培方法、水上种植技术，种植有数十种世界著名瓜果，培育出的大南瓜最重达150多千克。五彩斑斓的奇瓜长廊，让游客好像置身于奇特瓜果的王国。

生态动物园园区拥有华北地区和东北地区首家娃娃鱼大型展馆，展出规模在 30 条左右，包括娃娃鱼成长过程中各个生长期的状态，从最小的 1 厘米的幼苗到活了将近 50 年、体长 1.3 米、重达 20 千克的超级娃娃鱼。

集发农家小动物园是全国首家以农家动物驯养与观赏为主体，集科普教育、生态养殖、旅游观光于一体的综合性生态动物园。

游客在游览观光园优美的景色之余，还可以参与观光园配套的娱乐项目。园区提供的娱乐项目多达几十种，如蹦极、高空滑索、滑草（冬季为滑雪）、攀岩等，让游客在感受惊险刺激的同时也可充分放松身心。

观光园内供游人休闲度假的住宿设施也别具特色，包括绿色客房、集发大宅院、戴河别墅村、桃园木屋等，共有标准间 59 个，不同规格的套间 15 个，可供 160 多人住宿。所有客房或坐落于一片绿色植被之中，或依河临水而建。在这里住宿，有一种异常清净、格外温馨的感觉，在梦中感受到的也会是一片美丽的绿色世界。

【案例 2】

北京御汤山农业生态园有限公司（简称御汤山生态园）成立于 2011 年，位于"温泉之乡"北京市昌平区小汤山镇的昌金路与秦上路交汇处。御汤山生态园占地面积约 720 亩，种植面积 500 多亩，是一家集旅游观光、餐饮娱乐、垂钓、蔬果采摘、农事体验、养殖、苗木绿化、果树认养等于一体的农业综合企业。御汤山生态园以绿色、环保、生态、健康为经营理念，在蔬菜和果树种植过程中施用腐熟的鸡粪、牛粪等有机肥作为底肥；在鸡、鹅、猪、羊等家禽家畜养殖过程中以散养为主，用园区自产的谷物、粉碎后的秸秆作为养殖饲料。餐饮部选用的食材也是取自园区自产的绿色环保的农产品。

　　园区设有采摘区、休闲娱乐区和儿童游乐区。采摘区内供采摘的蔬菜瓜果全部都是用国内外先进的优良品种培育而来的，不仅绿色健康，而且口感独特。绿色无公害蔬菜瓜果可供一年四季采摘。蔬菜类品种有水果黄瓜、西红柿、水果苤蓝、宝塔菜花、球茴香、香椿、芦笋以及多种绿叶菜类等近30个品种。水果类品种有草莓、樱桃、桃、李子、葡萄、早酥梨、丰水梨、雪花梨、黄金梨、苹果、柿子等近30个品种。养殖区内有鸡（贵妃鸡、斗鸡、柴鸡、宫廷皇鸡、芦花鸡等）、兔子、鹅（白鹅、大雁鹅、天鹅）、羊、猪等可供游客购买。休闲娱乐区可进行垂钓、烧烤、赏瓜、赏家禽等活动。园区内有5个鱼塘，占地面积近40亩，不仅能满足大人们钓大鱼的乐趣，还能让小朋友们感受到钓小鱼小虾的童趣。园区内建有专业的烧烤台和烧烤林。此外，近300米的长廊上结满了形状各异的瓜果，有长形的丝瓜、砍瓜、瓠子瓜，有圆形的各种颜色的南瓜，还有代表福禄的大小葫芦等。园区内养殖了多种家禽，能让小朋友们对小动物有一个直观的认识。儿童游乐区有近10种游乐项目，能够满足小朋友们的娱乐需求。

【案例3】

　　北京观光南瓜园是全国首家以单一蔬菜"南瓜"命名的集南瓜主题观光、餐饮娱乐休闲、科普文化于一体的综合性生态观光园。在1.2万平方米的南瓜园展示大棚内，种植了金童、玉女、桔瓜等1000多个南瓜品种。大棚内还设有丝瓜园、西瓜园、苦瓜园、番茄园等"园中园"。产品开发在"农"字上下功夫，在"特"字上做文章，深度挖掘南瓜主题文化，延长产业链。在北京观光南瓜园里，以每天4千克的速度"增肥"的150多千克的巨型"胖"南瓜以及迷你型的超级小南瓜都引来了众多游客驻足欣赏、拍照留念。以往，农民自己辛辛苦苦将南瓜摘下来，然后运到市场，平均每千克也只能卖 3～4 元。而现在，把五颜六色的南瓜装满一个篮子，可以卖到 300 多元钱。因为在南瓜上印上了图案，一个南瓜也曾经卖到过 2000 元。北京观光南瓜园的南瓜项目以农业休闲观光旅游为依托，种植的特色南瓜被赋予了观光旅游、科学普及和特色优质的内涵，延长了南瓜产业链，也实现了产业升级和产品增值，每千克普通南瓜可卖到 10 元，每亩特色南瓜可比普通南瓜增收 5000 元。南瓜园区的建成同时也带动了餐饮、零售和物流等相关产业的发展，间接增加了非农就业岗位，进一步拓展了农民的就业空间。

二、生态农业园的基本特征

1. 生态性

生态农业园综合利用农、林、牧、副、渔业的生态模式，最注重的是绿色、环保。

2. 艺术性和趣味性

生态农业园是以林果粮间作、农林牧结合、桑基鱼塘等农业生态景观为主的休闲农业类型，设计上具有艺术性，可以给游客提供一种视觉上的审美享受和体验上的乐趣。

3. 效益兼顾

生态农业园通过科学规划设计，可以是一个具备多种功能的生态农业示范园、观光农业旅游园、有机农业绿色园、科普教育和农业科技示范园，能够实现生态效益、经济效益和社会效益三者的统一。

三、生态农业园的发展思路

1. 因地制宜，搞好基础建设

规划设计生态农业园应充分考虑原有的农业资源基础，做好交通、水电、食宿等基础设施建设。

2. 善用农业高科技，合理规划

生态农业园规划应以生态农业模式作为园区农业生产的整体布局方式，尽量体现农业高科技的应用前景，这也是生态农业园的特色和闪光点，是吸引游客的主要内容。因此，设计时应当把现代农业高新技术作为重要内容，尽可能地展现农业与高科技结合所带来的成果，并且具有艺术性和观赏性。

3. 结合当地文化，合理开发

生态农业园规划必须结合其所在地区的文化与人文景观，开发出具有当地农业和文化特色的农副产品和旅游精品。

第三节　民俗文化村

【导读】

河南省平顶山市宝丰县素有"曲艺之乡""魔术之乡"之称，文化底蕴深厚，自然人文景观众多。宝丰县周营村是全国闻名的"魔术专业村"。周营村的魔术演艺业同时也带动了服装、道具、音响、火棚、运输和广告设计等10多个相关产业的发展，形成了全国唯一成规模的魔术道具、表演服装市场。村口的刘顺培训魔术基地是魔术名人、宝丰县魔术协会会长刘顺创办的一个培训基地。1985年，他组建了自己的表演团体。2001年，他转变经营思路，开始制作、销售魔术道具。刘顺生产的道具既有扑克牌、绸条、机关魔术服、帽子等专业器物，同时也连带生产演出服等附加产品，常年销往全国各地。

靠魔术发家后，周营村的其他各项事业也得到了发展与繁荣。2006年，该村发挥群众的主体作用，投资137万元，修建了文化广场、文化大院、文化剧场、居民小游园等16项工程，实现了路平、村绿、墙美、灯明、街净，村容村貌得到了明显改善，群众生活质量得到了显著提高。由于魔术事业的繁荣，2006年9月27日，中国杂技家协会在人民大会堂正式将宝丰县命名为"中国魔术之乡"。同年 10 月 10—11 日，宝丰县还成功举办了中国·宝丰第三届魔术文化节。"农民自办文化、政府扶持农民办文化，文化让农民乐起来、富起来"，靠这一发展思路，宝丰魔术走出了一条农村文化产业发展的新路子，文化部称之为"宝丰文化现象"。

一、什么是民俗文化村

民俗文化村是指具有地方或民族特色的地区或园区。

我国地域辽阔、民族众多，各地农村的饮食、服饰、节庆、婚嫁、民居建筑、传说、民间故事、民歌民谣、童玩活动等乡土文化都充满浓郁的地方色彩。

民俗文化村可以分为民间艺术展示、民俗风情展示、民居建筑风格展示、少数民族习俗文化展示等四种类型。在我国，民俗文化村多以子项目的形式存在于其他休闲农业园区中，也有单独以民俗文化村形式出现的观光农业类型。

【案例】

江西省婺源县晓起村有"中国茶文化第一村"与"国家级生态示范村"之美誉，是清代两淮盐运使江人镜故里。村屋多为清代建筑，风格各具特色，村中小巷均铺青石，曲曲折折，回环如棋局。主要景观有双亭耸峙、枫樟流荫、进士第、大夫第、荣禄第、江氏祠堂、砖雕门罩、养生河与古濯台等。"古树高低屋，斜阳远近山。林梢烟似带，村外水如环。"这首古诗极为形象生动地描绘了晓起村落的美丽山光水色。

2001 年以来，在各级党委政府的关怀和正确领导下，晓起村认清形势，抓住机遇，提出了"旅游兴村、农业稳村、个体旺村、商贸活村"的经济发展思路。晓起村坚持高起点，做大做强晓起的旅游业。2005 年，晓起村聘请江西省城乡规划设计研究总院专家编制了《晓起村古村落保护规划》，结合晓起村的实际情况，将晓起村分为古村落保护区、村建社区、生态旅游区，体现了晓起村人文合一的生态家园特色，为旅游发展和乡村建设描绘了美好蓝图。根据规划，晓起村大力加强村庄建设和基础设施建设，村建社区地址选在晓起村西南方向村入口处，取名"芜头"，占地面积10672平方米。在短时间里，整个村庄的面貌发生了很大的变化。

经过几年的艰苦创业，晓起村初步形成了以旅游业为主导、以农业为基础、兼顾商贸发展的产业格局，以旅游业带动了第三产业的发展。

二、民俗文化村的基本特征

第一，民俗文化村一般以展现各民族的民间艺术、民俗风情和民居建筑为主体，少数还兼有非物质文化遗产保护功能。

第二，以进行文化探秘的境内外游客和研究学者为主要对象，是一种文化开发特性非常突出的乡村深度体验型产品。

第三，具有民俗传统文化的延续性和独特性。

三、民俗文化村如何发展

1. 从资源特性上找出路

（1）打造地域文化项目。"百里不同风，千里不同俗"，地的差异性使各地的传统艺术和民间文化呈现出浓郁的地方特。从民族文化上看，汉民族文化与少数民族文化迥然有异，江南水乡歌的婉约细腻与草原游牧民歌的粗犷豪放对比鲜明。从地理区域上看，湖北的楚文化与四川的蜀文化各不相同。不同地域文化资源个性鲜明，如果将其打造为特色文化产业项目，有利于发挥地域的整体优势，增强市场竞争力。

（2）开发生态文化项目。许多民间文化资源历史悠久，是人类在漫长的历史长河中创造形成的民族文化传统，有的还保持着其原生态，蕴含着祖先的智慧和文明，弥足珍贵。例如，物质文化生态方面有安徽省黟县西递村和江苏省昆山市周庄镇的古建筑；非物质文化生态方面有被联合国教科文组织认定为"人类非物质文化遗产"代表作的"昆曲"。可以从这些原生态文化中选择生态文化项目，打造农村生态文化产品，如通过建造生态博物馆展现原始的文化生态和农村生活场景。此举具有极其珍贵的科学、艺术、历史和经济价值。

（3）发展传承文化项目。农村文化源远流长，沿袭至今。同一民族、同一地域的人们有着大致相同的习俗，不同民族、不同地域的民风民俗具有各自的风格特点，从而形成丰富多彩的农村民俗文化，如民间饮食文化、婚丧文化、节日文化、竞技文化等风格各异。北京的四合院、安徽的徽派民居、福建的客家土楼等各种建筑风格代代传承。各地的民间神话、传说故事及各种风俗等都具有各自的乡土特色，从历史文化资源角度打造农村文化产业项目，大有可为。

2. 在价值特征上做文章

（1）挖掘历史价值。农村特色文化资源大都经历了岁月的洗礼，蕴含着丰富的历史信息，打上了深深的历史烙印。它们是传承历史文明的重要载体，对于后人探寻先辈文化、研究人类发展脉络具有极其重要的价值，如名人故居、历史建筑、古老而稀有的民间戏剧及各类文物等。

（2）凸显人文价值。中华民族五千年的文化积淀留下了无数的民间文化遗产，弥足珍贵，其中凝聚着丰富的人文主义思想和民族精神。这些民间文化遗产对于弘扬民族文化、培养爱国情感、吸收先人的文明智慧和优秀文化传统、继往开来，具有极其重要的价值。从民间文化遗产资源中选取具有人文价值的资源做项目，不但能彰显文化品位，还能提高文化附加值。

（3）追求实用价值。很多民间文化资源，除了具有历史及人文价值，也有实用功能。它们之所以经久不衰，就是因为它们与人民群众的生活密切相关，既可满足人们精神生活的需求，也可满足人们物质生活的需要。民间歌舞、音乐、书画、戏剧等丰富了人们的文娱生活，农村饮食文化、建筑文化、服饰文化等则是人们日常生活所必需的。从人们日常生活必需的民间文化资源中找项目，无疑具有十分广阔的市场前景。

（4）开发经济价值。在小农时代和计划经济时代，民间文化资源的经济价值未被人们认识和重视，人们没有充分意识到民间文化资源是一种经济资源，具有经济价值。随着社会主义市场经济的发展和市场化进程的加速，民间文化资源的经济价值日益彰显，越独特价值越高，如河北省蔚县的农民剪纸已不再只是满足自家装饰的需要，而是作为产品进行加工，蔚县出产的农民剪纸不但畅销国内，还能漂洋过海出国挣大钱；上海市金山区的农民画远赴欧洲、美洲、亚洲的20多个国家和地区展销，收益颇丰；山西省垣曲县的农民"点石成金"，将石头变成了商品，大发"石头财"。这些都是农村民间文化产业项目开发与经营的成功案例。

3. 在项目特点上出新意

（1）在文化活动的延伸上出新。文化活动要保持旺盛的生命力和市场竞争力，就必须不断推陈出新。一是在活动空间上的延伸。既立足本地，又拓展外地；既可占领国内市场，又可进军国外市场。湖北省当阳市的"三月三歌会"已经办了20多届，从剧院、歌舞厅延伸到城市广场、体育场，从城市延伸到乡村。二是在活动时间上的延伸。可利用节会、歌会等形式月办、季办或年办，形成制度，既有利于打造活动品牌，也有利于取得长久效益。三是在活动内容上的延伸。变单一为多样，使之丰富多彩。湖北省孝感市的"孝文化节"，除了有《董永与七仙女》邮票首发式活动，还有"十大孝子"评选活动、楚剧《百日缘》演出活动。

（2）在文化品位的提炼上出新。一种资源、一个项目，文化品位越高，其经济价值就越高。在文化品位的提炼上应推陈出新，古为今用，洋为中用。民间歌舞可提炼升华成高雅的经典艺术品种，一方面可从形式上提炼文化品位，另一方面可从内容上提炼文化品位。湖北省长阳土家族自治县的巴山舞源自土家族的跳丧舞，经挖掘提炼创新，丢掉了"丧味"，保留了原始舞蹈中有特色的鼓点和明快的节奏，将当地民歌加以发展，在单一击鼓形式中加入弦乐、打击乐伴奏，融汇了土家风情和时代特征，创新发展出优美欢快的巴山舞，成为新型的群众自娱自乐性舞蹈，被誉为"东方迪斯科"。巴山舞还获得了全国第十届"群星奖"广场舞金奖，被国家体育总局作为体育健身舞蹈向全国推广。

（3）在民风民俗的加工上出新。民间风俗在历代的传承过程中，既有良风美俗，又有陋风丑俗，这就要去粗取精、去伪存真、去劣存优，在继承创新的同时，取其精华，去其糟粕。要赋予民风民俗以新的时代内容，建民俗文化村寨就是集民俗文化大成之创举。湖北省兴山县为开发三峡昭君巴楚民俗文化资源，打造了昭君"和平女神"文化品牌特色旅游项目，发展了三峡文化产业，启动建设了昭君巴楚民俗文化村。该项目融巴楚民居、歌舞、戏剧、琴棋、书画、茶艺等丰富文化内涵为一体。湖北省宜昌市歌舞团整合土家族民俗文化遗产，创作了大型婚俗舞剧《土里巴人》，多次在全国获奖，用崭新的形式展现了湖北独有的楚风楚俗。

4. 在民间特色上下功夫

（1）利用品种多样性的特色。民间特色文化品种繁多，涵盖社会生活各个方面。在发展农村特色文化产业项目上，应满足人们不同层次、不同方面的精神需要，避免单一，尽可能多样化。因地制宜，既可集民俗之大成，又可对单个品种进行系列开发，以多取胜，还可以建设特色文化乡村，一地一个品种，使区域种类丰富多彩。云南省立足"一乡一业、一村一品"特色文化产业开发，发展了民俗文化旅游、民族艺术展演、民间工艺品展销等形式，门类多样。

（2）利用分布广泛性的特色。我国特色民间文化资源遍布全国各地，十分广泛，应充分发挥整体效应和集体优势，占领文化产业市场，赢得市场份额。一些地方利用当地革命文化资源开展"红色旅游"，取得了可观的效益。

（3）利用构思巧妙性的特色。对传统文化活动及文艺形式，应在继承的基础上发展革新，使丰富的思想内容与传统的艺术形式巧妙结合，焕发出新的光彩。应利用精巧的构思反映多彩的现代生活，如根雕应取法自然，根据神话传说故事或现代生活场景立意，不仅要造型生动，更要有文化灵魂。

第四节　农　家　乐

【导读】

"渔家住在水中央，两岸芦花似围墙，撑开船儿撒下网，一网鱼虾一网粮。"黄梅戏《天仙配》中七仙女的唱词表达了七仙女对人间美好生活的向往。安徽省安庆市望江县一处弹丸小岛上的"六户人家"因发展渔家乐生活方式发生了巨大的变化，原先他们以养殖、捕鱼为主业，现在主业已经为水上渔家乐所取代。

"六户人家"地处安徽省安庆市望江县赛口镇红旗村，这里因为一开始只有六户人家而得名。吴银中家是六户人家中的一户，一开始他家以养殖、捕鱼为主业。有一年夏天，他的朋友来他家钓鱼时，发出感慨，如果在小岛上开家渔家乐，是多么好的一件事啊！说者无意，听者有心，吴银中与妻子商量，决定在自家开办渔家乐，虽然一天只办四桌酒席，但没想到一年下来，赚了近20万元。吴银中将自家渔家乐命名为"湖上人家"。与"湖上人家"的吴银中一样，红旗村李金来、刘爱勤夫妇的"在水一方"渔家乐也随之开办起来。

水上"六户人家"还利用特色渔家菜和沿湖旅游资源吸引顾客，各地游客纷至沓来，生意红红火火，成为安庆市一带摄影爱好者、书画爱好者争相探访的特色旅游之地。

一、什么是农家乐

农家乐是农民用自家的厨房、餐厅、客房和院落向城市居民提供餐饮住宿和休闲服务的一种回归自然、获得身心放松和精神愉悦的休闲旅游方式，是集"住农家屋、吃农家饭、干农家活、享农家乐"于一体的农业旅游活动。一般来说，农家乐的主人利用当地的农产品进行加工，以满足客人的需要，所以农家乐一般成本较低，因此消费标准也不高。而且农家乐周围一般都是美丽的田园风光，空气清新，环境优美，可以舒缓现代人的精神压力，因此得到很多城市人的喜爱。

二、农家乐的分类

1. 田园风光型农家乐

田园风光型农家乐指以优美的乡村田园风光吸引游客前来旅游的农家乐，如广西壮族自治区富川瑶族自治县农家乐、云南省罗平县农家乐等。

2. 民俗文化型农家乐

民俗文化型农家乐指以各具特色的当地民俗文化吸引游客的农家乐，如贵州省郎德上寨的民俗风情农家乐、广西壮族自治区阳朔县的特色民居农家乐等。

3. 观光农业型农家乐

观光农业型农家乐指向城市居民提供学习农业知识、体验农耕文化和参与农事劳动的农家乐，如四川省成都市龙泉驿区书房村农家乐、上海市浦东区孙桥镇高科技农业示范园等。

4. 城市近郊休闲娱乐型农家乐

城市近郊休闲娱乐型农家乐一般在城市近郊，交通方便，可以为游客提供舒适的食宿服务，娱乐设施齐全。城市近郊休闲娱乐型农家乐一般只提供娱乐休闲服务，没有相应的景点可供游览，如四川省成都市近郊农家乐、云南省昆明市西山区近郊农家乐等。

5. 景区周边食宿接待型农家乐

景区周边食宿接待型农家乐位于著名景区周边，为游客提供简单的食宿服务和当地特产，如湖南张家界景区周边农家乐、四川九寨沟景区周边农家乐等。

【案例】

农科村隶属于四川省成都市郫都区友爱镇，是全国农业旅游示范点，是农家乐的发源地，被誉为"鲜花盛开的村庄""没有围墙的公园"。农科村距离成都市区 28 千米，距离郫都区 8.5 千米。全村花卉种植面积达数百亩，各种高档木本、草本花卉随处可见，是成都市花卉供应基地，产品销往全国各地，并远销至东南亚地区。20 世纪 80 年代，农科村村民利用自家花卉种植优势，搞起了农家乐旅游，吸引市民前来吃农家饭、观农家景、住农家屋、享农家乐、购农家物。村民们在宽畅、舒适的农家院里挂上字画，让城市人品茗、赏花、看书、下棋，自得其乐。城里人来到农科村，品尝农家风味，观赏自然风光，回归自然，其乐融融。2006 年 4 月，国家旅游局（现文化和旅游部，下同）授予农科村"中国农家乐旅游发源地"称号。2012 年 9 月，郫都区友爱镇农科村顺利通过了国家旅游局国家 AAAA 级景区验收，为郫都区旅游业增添了一张新名片。

农科村农家乐主要有以下几个特点：

（1）完善的管理体系

已有的农家乐管理条例促进了农科村农家乐的发展，如《农家乐开业基本条件》《农家乐（乡村酒店）旅游服务质量等级划分与评定》《四川省农家乐（乡村酒店）旅游服务质量等级评定细则》等一系列条例给农科村的农家乐提供了相应的发展思路。同时，农科村还进行了星级农家乐评选活动，引导农家乐经营业主完善配套设施、改善卫生条件、提高服务质量。建立了景区管理局—景区旅游接待中心—景区农家乐接待点三级管理服务体系，对景区设施、从业人员、卫生环境等实施了精细化、标准化的维护管理，大大提升了整个产业的竞争力。

（2）合理的规划布局

农科村发展农家乐遵循因地制宜、突出特色的原则。农科村提出按照"五个坚持"发展农家乐，即坚持以自有花木生产基地为旅游观光景点不变，坚持以自有庭院为旅游接待场所不变，坚持以自身既做花木生产者、又做旅游接待者不变，坚持历史文化自然注入保持浓郁的民俗氛围不变，坚持以本村农户为主、鼓励外来投资共建农家和谐大景区不变。此外，农科村还从建筑风格、文化主题、饮食风味、环境保护等出发，编制了景区整体规划，完善了农家乐的休闲功能。

（3）积极的投资

农科村发展农家乐主要采取的是当地政府指导、村党支部书记带头的模式。当地政府通过政策倾斜、投入财政资金以及减免各项税收等财政补贴措施，提高了农户经营农家乐的积极性。同时，区、镇两级采用财政投入和市场化运作等方式，投入资金千万元，实施了整体提升工程和建筑风貌改造工程，改扩建旅游环线公路，进行供水、供气、排污等管网建设和旅游干线绿化、亮化、美化等景观营造。此外，农科村还加大村内基础设施建设，改善交通条件，优化环境设施，如在主干道上培植鲜花、整治村内斗渠等。这些资金的投入加快了休闲农业产业的发展。

（4）有效的宣传

加大宣传指导是休闲农业发展的有力保证。农科村对农家乐的宣传指导主要体现在三个方面：一是利用电视、报刊、网络等媒体对外宣传农科村，逐步加强农科村网站建设，定期更新和充实农科村网站内容，制作农科村宣传画册等宣传资料。二是办好各类节庆活动。休闲农业具有季节性，鉴于此，农科村积极争取承办省、市、县各类活动，坚持在春节、劳动节、国庆节等节日期间举办旅游文化活动。三是加强与专业主题策划机构的合作，请其对农科村进行整体包装和推介。

三、农家乐的基本特征

第一，游客以中、低收入水平的城市居民为主，农家乐一般收费都比较低，颇受部分都市游客的青睐。

第二，农家乐具有休闲农业最基本的乡土气息，游客可以贴近大自然，可以参加农户组织的各种农事活动，还可以品尝到城市里很少见的农产品，收获自己付出劳动而得到的劳动果实。

第三，观光项目受到农业生产季节性的限制，往往淡季、旺季差别十分明显。通常生产管理季节是农家乐观光旅游的淡季，旅游收入很少；收获季节则游客较多，令经营者应接不暇。

四、农家乐的发展思路

农家乐是休闲农业发展的初级形式，投入少、形式多、易开展，是农民致富的有效途径，也是城市居民假日里休闲的好去处。一桌山野农家饭、一张火热农家炕、一幢简朴农家院，奔波许久的城市人来到乡野农家享受着"采菊东篱下"的悠然生活。这些年，农家乐如雨后春笋般层出不穷，但开发过后如何保持农家乐的生命力，则是在发展过程中需要不断思考的问题。

1. 农家乐要提高服务水平

（1）提供"家"食宿

食宿要具有家庭特色，让游客感觉来到了第二个"家"，避免出现城市化、饭店化倾向。住宿方面要尽量提供土炕、通铺等农家住宿，减少酒店化的设施。被褥保证洁净卫生，整个房间要干净舒适，让游客可以得到完全的放松与休息。饮食方面要确保食材新鲜、天然，现在有些农家乐的肉、菜、蛋、奶是从农贸市场、批发市场采购的，无形中增加了经营成本，不如在房前屋后开几片菜畦，或者专门开设几亩菜园，让游客自己采摘，然后农家再把它加工成农家土菜，一举两得。要保留农家饭菜原始的风味，同时保证食物和饮水的卫生，让游客吃得安心、吃得开心。

（2）发展"农"项目，着力突出"农"字

原汁原味的农家特色是农家乐能够得以发展的源泉。规划地区的周边环境要保留农村独有的田园风貌和当地特有的建筑风格，如茅草房、土坯房、牲畜棚、鸡舍等。游乐项目要融合农村日常生活，如农作、喂养、手工制作、农村娱乐活动等，让游客通过亲身参与收获回归田园的体验。农家乐周边环境力求做到有山有水、有田有地、远离城市，努力让城市居民来到这里后，忘却城市的喧嚣以及琐碎的工作，全身心地投入到农家乐旅游的快乐中。

（3）带来"乐"的享受

城市人整天过着两点一线、高负荷、亚健康的生活，闲暇时间少，思想负担重，精神压力大。农家乐就是要满足城市人渴望放松、休养、减压的需要。农家乐要做成一种综合的旅游模式，从游客进入农家院开始，吃的是农家菜、住的是农家院、游的是农家景、行的是农家路、品的是农家情，全方位地感受农家的衣食住行。清晨启程远离城市的喧嚣，来到农家小院。中午吃过农家大嫂做的柴锅饭后，走到田间地头，掰玉米、采桑葚、捡拾山上的柴鸡蛋；或走到鱼塘旁边，架一支鱼竿，享受静谧的时光；或行走于乡间小道，陪孩童玩耍，听老人讲述祖辈们流传下来的故事……夜晚降临，哼一支小曲，打几圈扑克，听蛙鸣虫叫，仰望星空，对酒当歌，无丝竹之乱耳，无案牍之劳形。

另外，还可结合当地的地域特色，设置一些游客乐于参与、愿意消费的娱乐项目，不能仅仅在棋牌娱乐、露天 KTV、篝火烤羊等这些千篇一律、毫无新意的项目上重复性操作。要设置一些让游客可以亲身参与的游乐项目，如下地耕作、采摘果蔬、喂养牲畜、手工制作农家特色工艺品等，从而提升农家乐的附加值；设置一些科普小展览，如乡村婚嫁文化风俗介绍、当地节庆文化风俗介绍等，有些历史悠久的村落还可以介绍一下本村的历史典故，从而提高农家乐的文化底蕴和吸引力；同时还可设置适合儿童嬉戏、青年人冒险、老年人静养的项目，满足不同年龄段游客的需要。

在娱乐项目中要注重培养欢乐的氛围。例如，可以进行乡村文化表演，唱一唱乡间小曲、扭一扭秧歌、演一演当地的奇闻趣事、耍一耍民间的独门把戏，让游客也加入其中，跟随锣鼓唢呐声，释放心中的压力，开怀大笑。

2. 农家乐要加强管理规范

农家乐多以农户自主经营为主，自行宣传，自我管理，缺乏统一的管理与规划，因此，难以形成规模，获得长远的发展。充分调动农民的积极性，形成以村庄、乡镇为单位集体经营管理的农家乐产业，是农家乐得以持续发展的有效方法。

（1）权责的分散性

所谓分权，就是现代企业组织为发挥低层组织的主动性和创造性，把生产管理决策权分给下属组织，最高领导只执掌少数关系全局利益和重大问题的决策权。农家乐以农民自家为经营主体，发展初期村委会、开发商和投资商的集中领导权是不可代替的。随着产业规模的不断壮大，在建立领导体制的同时，需要将各个项目、各个模块、各个系统进行权责划分、管理分工，从旅游项目开发、广告宣传、资金流向、人员管理、食品卫生、客房服务、产品销售等多方面设立管理部门，达到加快决策速度、减少失误的效果。高层管理者在将决策权下授时，必须同时保持对下属的工作和绩效的控制，开展定期绩效考核、下属定期上交工作报告、部门干部竞争上岗等政策，保证工作高效率真开展的同时，激发员工的工作积极性。

（2）管理的统一性

管理的统一性即要把一个村落内的所有农户作为有机的整

体，实现统一编制、统一培训、统一标准、统一奖惩、统一发展，即"五个统一"。统一编制就是要把每户进行农家乐经营的家庭挂牌编号，统一听从村委会的安排与管理，形成一种集体管理、个体营业的形式。统一培训就是在农户营业前组织相关的培训（如服务培训、营销培训、科普培训等），提高农户的自身素质，带动农家乐的发展。统一标准就是对整个村落进行一个系统的规划，从客房服务质量到人员着装、从项目开发到经营风格进行统一设置，使之能够代表地方特色。统一奖惩就是要设立一系列的经营制度、卫生制度、服务制度、收费制度等，户与户之间在经营过程中进行评比，村委会作为领导机构对每个农户进行星级评比、示范挂牌，同时接受游客的投诉与监督。统一发展即要在一个领导组织的带领下，共同增收，共同进步。

（3）实行的规范性

农村亲缘关系较重，是管理中的一个弊端。在工作分配时，应避免裙带关系，干部选举的时候应轮流任职，避免长时间连任或者家族连任。一来可以避免因思维定式而导致发展受限，二来可以减少家族垄断，促进和谐发展。此外，一般村中较年长的村民说话比较有分量，但发展农家乐需要新思维，年轻人有更多的新奇想法，办事更有魄力，在选贤任能的时候应避免一些守旧的制度，否则会导致有才华的人不能发挥能力。

3. 农家乐要树立品牌意识

（1）打造品牌

品牌的打造有助于提高农家乐的市场知名度，从而增加农民收入。农家乐要打造品牌，要根据当地的特点与主题进行市场宣传；通过专业的市场销售网络和互联网宣传渠道，打响知名度，拓宽销售渠道；提供高品质的旅游设施和星级服务，提高景区接待水平，进行星级划分、挂牌公示。要把发展农业创意产业与发展农家乐旅游业密切结合，以农家乐的发展带动创意农业的发展，以创意农业的发展促进农家乐的发展。

　　发展农家乐要以独特创意造就品牌为目标，扬长避短，表现和突出自己的特色。创意是抢占市场的有力法宝，是产业维持长久生命力的有效支撑。创意是可以借鉴的，但是要避免照搬或者模仿，否则只能阻碍发展的脚步。只有在农家乐的开发中突出当地的创意特色，才能获得长远的发展和较高的利润。如取一个响亮上口的名字、设计一个有个性的商标、开发一系列特有的纪念品，从而丰富品牌文化内涵。

　　（2）开拓市场

　　要做到全方位、多角度地拓宽市场，首先要加大宣传力度，通过建立官方网站、注册品牌官方微博、组织团购旅游、在知名网站发布专访文章、通过电子邮箱发送广告邮件、邀请知名网站会员免费体验等方式，在互联网上先打响声势；其次可以与电视台、报社、企业等进行合作，举办一些实地的活动，也可录制成电视节目，用动态的方式为农家乐做宣传。

　　（3）搞产业

　　未来的农家乐将是一种依托农业的"寄生"产业。因此，农家乐不是毁"农"造景，而是以"农"为景；不是抛弃了农业原有的"生产价值"，追求生态价值、社会价值和文化价值，而是在农业原有的"生产价值"基础上，再增加生态价值、社会价值和文化价值。这一产业的内容包括：①以农户为主的农家乐，主要以农户为经营单位组织旅游，游客可以在农户家中"做客"，也可以来农户家"度假"，体验乡土民俗。②以农业生产过程为农家乐的对象，根据游客的需要可以是参观型的，也可以是操作型的。加强种养加、产供销、贸工农一体化生产，增强农工商的紧密结合，农户所提供的吃、喝、玩、乐的材料均来自当地，天然、绿色，不仅减少了流通环节，价格实在，也带有浓浓的乡土特色。科学合理地让资源实现优势互补，形成全方位、权责一致、上下贯通的管理和服务体系。

第五节　度假休闲农庄

【导读】

在湖南省长沙市望城区，令人感到恐怖的毒蛇，却成了李治国的摇钱树，让他的农庄在短短4年内，销售额达到1200多万元，提高了40多倍。李治国说，在自己的财富梦想变成现实的过程中，安全问题绝不能放松，农庄要保证每位来到这里的游客绝对安全，这是底线；除此之外，还要敢于尝试、敢于创新。

李治国由于自幼家境贫寒，初中辍学后便进城打工，先后做过皮鞋匠、厨师等。1998年，他开始转行做酒店用品生意，淘到了人生的第一桶金。2011年，国家开始大力倡导环保节能，李治国嗅到了行业潜在的危机，果断放弃做酒店一次性用品供应商的生意，返回家乡，进行了一次华丽的"冒险"：养蛇。李治国不仅远赴越南跟班学习，还跑遍广东、福建、浙江、陕西等地"取经"。他从广西养蛇基地买回价值20万元的眼镜蛇蛋，起早贪黑"与蛇为伴"，精挑细选了500条蛇做试验，最终从"门外汉"变成了行家里手。李治国成了名副其实的"蛇司令"，既当老板又当技术员，一人身兼数职。有志者事竟成，如今，农庄里养殖的虎斑颈槽蛇、眼镜蛇达23000多条，生长周期最长的达3年以上。2015年，李治国取得了野生动物驯养繁殖许可证，正式带"证"上岗。他还向村民普及了蛇类常识，使乡亲们搭上了乡村休闲游快车，实现了致富目标。

一、度假休闲农庄的含义

度假休闲农庄是乡村旅游行业中的翘楚，也是人们越来越喜欢的休闲旅游度假方式之一。它是以农民为经营主体，以城市居民为目标人群的一种度假旅游形式。度假休闲农庄要具有鲜明的主题。主题是表达规划设计中心思想的名片，既可以营造良好的氛围，使农庄对游客更具有吸引力；还可以此来展现规划区域的风貌，使农庄可以与周边的旅游资源区别开来。开发度假休闲农庄时，其主题应尽量与当地的地域文化紧密相连，注重挖掘当地农业文化和民俗文化的内涵，以文化来架起旅游脉络。

二、度假休闲农庄的基本特征

度假休闲农庄具有以下基本特征。

第一，农庄具有较高的品质、优质的服务与基础设施。第二，规模较大，旅游资源较为丰富。第三，消费水平偏高，更适合收入较高的城市居民消费群体。第四，农庄多具有创意丰富的主题，能够为游客提供高品质的享受。

【案例1】

虽逢辽宁省丹东市传统旅游淡季，但位于丹东市振安区汤山城镇佛山村的一处庄园却是车水马龙，前来休闲度假的外地游客络绎不绝。他们除了品尝这里出产的笨鸡肉等农副产品之外，更多的是为了尽享天然氧吧的宁静和舒适。庄园集种植、养殖和休闲度假功能于一体，为振安区冬季休闲旅游添了"一把火"。据这家庄园的负责人田海平介绍："圈里养的100多头黑笨猪早都预订出去了，再过几天，我们就要集中杀年猪，到时候很多外地游客会携亲带友赶来品尝，还会带走订购的猪肉，到那时庄园就更热闹了。"

田海平来自北京市朝阳区，为追寻儿时梦想，他放弃了北京的企业高管职位，毅然于2010年转行创业。他看好丹东的山山水水，专门生产绿色蔬菜、杂粮和笨猪肉、笨鸡肉等农副产品。庄园的建成，吸引了很多中高端客户，他们分别来自北京、大连、沈阳等地。田海平借助振安区和汤山城镇打造佛爷山旅游区的机遇，将庄园升级，投资新建了庭院式度假酒店，修建了小型水坝及沿湖木栈道，改善了庄园的休闲步道景观，把庄园建设成了综合性活动空间，进一步扩大了接待能力。"这里就是游客的根据地，会员们来这里通常会住上十天半个月，我就带他们去游览青山沟、天桥沟，带他们泡温泉、采摘、漂流。"田海平说，"我已经跟市里许多景区景点建立了合作关系，可以为游客提供更周到的服务和更舒适的体验。"以前来振安区，最多爬个五龙山、泡个温泉，几乎没有什么其他景点。现在不一样了，休闲旅游项目越来越多。近两年来，振安区利用地处城市周边、山水资源丰富、生态环境优良等优势，大力发展全域旅游。同时借助高铁资源筑造大旅游圈，整合全区旅游资源，打造了"东有江河、北有山水、西有沟域、中有温泉"的休闲旅游业。目前，该区已建和在建的休闲旅游项目遍地开花，吸引了越来越多的本地和外地游客。

【案例2】

广东省佛山市长鹿旅游休博园地理位置优越，毗邻珠江干流，占地面积40万平方米，由广东长鹿集团于2001年投资兴建，2014年11月被评为国家AAAAA级景区。休博园由各具特色、精彩纷呈的"长鹿休闲度假村""机动游乐主题公园""水世界主题公园""农家乐主题公园"和"动物主题公园"等五大园区组成，是休闲娱乐、旅游度假、举办商务会议的最佳场所，更是团队拓展、集体旅游的首选基地。长鹿休闲度假村临水而建，果蔬满园的五星级湖居让游客仿如身临岭南水乡。度假村还配置有多功能会议厅以及马车主题酒店、船屋主题酒店、火车主题酒店等。游客可以在"水底餐厅"一边享用美食，一边欣赏鱼儿在身边穿梭，也可以在名厨荟萃、具有顺德农家风味的中餐厅用餐。长鹿艺术大舞台可同时容纳数千名观众，采用国际先进的灯光及音响设备，邀请重量级嘉宾鼎力加盟，全天候上演大型歌舞表演、民间杂技和魔术表演，并有小朋友可以参与的动漫剧场。

【案例3】

　　皇后镇休闲度假村位于北京市怀柔区雁栖镇北湾村，度假村规划总占地面积为18.42万平方米，总建筑面积约为10万平方米。这里依山傍水、风景秀丽、景色宜人，置身其间，仿佛到了桃花仙境，令人流连忘返。独特的自然地理条件使这里成为休闲旅游度假的理想目的地。皇后镇休闲度假村建有标准客房、度假木屋及小别墅、餐厅、会所及室内外休闲运动场等，可接待200人的团体入住。度假村餐厅与客房之间的怀旧广场格外引人注目，整个广场被杏树和梨树围绕。春天的广场，朵朵绽放的花儿会让你感到春意盎然；夏夜置身其间，约三五好友，喝一两盏工夫茶，伴着习习晚风送来的阵阵凉意，回忆儿时的顽皮，憧憬美好的未来，城市的喧嚣和疲惫一扫而光；金秋时节，累累果实会让这里的人们尽情享受丰收的喜悦，一两部经典的老电影更让你梦回从前。在野营烧烤区，游客们围坐在一起，喝着啤酒，品尝着自己亲手烤制的各种美食，好不惬意。晚上还可以在帐篷区内租顶帐篷，体验野营的快乐。在观光农业区，游客如果有兴趣，可以当上个把小时的农民，亲自到田间地头，除草施肥，体味当农民的滋味。生态园林区的果林分布在大山的各个角落，有杏树、桃树、梨树、核桃树、油栗树等，一年四季景色宜人，鲜花绽放、硕果累累。此外，还有专门种植一些经济价值较高的农作物的现代农业区，专家亲临现场指导，度假村内种植的作物被销售到全国各地，使来此观光的游客感受到了现代农业的巨大魅力。

【案例4】

　　杜蒙山寿山民俗休闲度假村（简称"寿山休闲度假村"）位于黑龙江省大庆市杜尔伯特蒙古族自治县一心乡胜利村小林科半岛，距离县城泰康镇17千米，是举世闻名的石油城大庆的远郊度假胜地。寿山休闲度假村地域辽阔，水丰山奇，历史悠久，因一代抗日、抗俄爱国名将袁寿山将军安葬于此而得名。寿山休闲度假村有极具个性的自然风光和人文景观,吸引了众多游客到此访古探幽、寻找大自然的乐趣、休闲度假。早在 11 世纪末,当地的杜尔伯特蒙古族人就开始在这里从事牧猎活动,到今天仍然完整地保存了当时奇特的地域性民族文化。寿山休闲度假村被蒙古族人称为"额勒斯锡博"、沙地栅栏或沙地部落,称谓带有游牧民族地名色彩。发展地域、民族、民俗特色是寿山休闲度假村的规划重点。这里的古榆树被园林专家评为"百对百形",沙地植物园被专家赞誉为"天然的根雕园"。这里的龙虎湖既是理想的天然浴场,又是滑水、驾舟、消夏避暑的好地方。东侧湖湾就是著名的湖天浴场,其景观在我国内陆草原地区极为罕见。在新建的民族歌舞台上,每星期都会举办一次大型蒙古族传统歌舞文艺演出。游人们在饱览了秀美的山水风光后,还可以品尝渔家风味、蒙古大菜等地方佳肴。到此休闲度假游既可以领略草原狂欢场景,又可以一览草原部落的古风,因此吸引了众多国内外游客来此度假。

三、度假休闲农庄如何发展

依据各地区位优势、自然生态环境、文化底蕴和经济发展水平,不断创新发展模式,逐渐形成形式多样化、功能多元化的度假休闲农庄,已逐渐成为我国乡村旅游发展进程中的一个新亮点。但是,度假休闲农庄的发展仍然存在着规划不合理、管理不到位、科技含量低、文化内涵不高、品牌意识不强、基础服务设施不完善等亟待解决的问题。因此,度假休闲农庄需要分别在品牌带动、文化植入、多元体验、基础配套、运营环境等五个方面进行努力,才能推进其健康发展。

1. 提高品牌营销力度,推动品牌经营

品牌是企业的生命和灵魂,一个企业必须经历从产品经营到品牌经营的转变才能持续、长久地经营下去。因此,既需要在外部引导方面（如政府部门在政策和资金方面进行扶持），还需要在作为主体的度假休闲农庄经营者方面，增强营销能力和品牌意识，找准品牌定位，搞好品牌形象设计。由于度假休闲农庄仍存在规模和资金等方面的问题，无法实施大规模的宣传，因此，目前可行的办法是从细分市场的角度出发：首先，明确自身定位，包括市场分层、服务分档、产品分级等；其次，重视营销策略，尤其是口碑营销，适当开展联合营销；最后，探索较具个性化的经营路线，通过网络化管理，发展网络营销。同时建立顾客数据库，充分运用网络管理平台实现网上预订，努力提供个性化、定制化的服务，拥有能为各类休闲主体提供多样化服务设施的能力。

2. 注重文化价值，提高休闲主体的休闲效益

城市人主要通过乡村旅游来更多地了解农村，乡村旅游已经成为一种趣味盎然的农村自然文化之旅。度假休闲农庄凭借它秀美的自然环境和独特的乡村文化吸引着全国各地的游客。因此，挖掘本地乡村特色和绿色生态特色是度假休闲农庄保持旺盛的生命力和提高经济效益的重要途径。度假休闲农庄的设计必须既考虑当地自然景观、民族特色等不同风格，又能满足游客精神层面的愉悦。为了能带给游客深度生态体验，度假休闲农庄应在农业生产价值基础之上附加社会、生态和文化价值。此外，度假休闲农庄应尽可能在现有资源条件下，提供人性化服务，与宾客建立良好关系，于细微处留住游客的心，提高游客对度假休闲农庄的认可度。

3. 增加旅游项目，实现度假休闲农庄功能的多元化

目前大多数度假休闲农庄只能满足游客某些方面的需求。在一些以住农家房、吃农家饭为主的度假休闲农庄，可适当增加娱乐项目。首先，景区周边的度假休闲农庄，其客源主要来自风景区，农庄整体规划上应注意使其与周边自然风光融为一体，功能上可增加景观观光旅游项目。其次，一些有特色的乡村民俗文化型农庄，其客源主要来自外地（市、县）。依托自身的自然、人

文景观和特色文化，这类农庄整体规划上要注意拓展本地（市、县）的游客市场，积极开发度假、休闲和娱乐功能。最后，一些基地兼容型和体验型农庄，其客源主要是本地（市、县）的城市居民和学生，包含少量外地（市、县）的游客。依托其现代农业、规模农业和特色农业等资源，这类农庄规划上以求知、学习和购物为主，并可增加其他项目。

4. 加强基础设施建设，提高服务接待能力

首先是道路系统建设。乡村道路作为度假休闲农庄生存发展的"生命线"，是游客们游玩的必经之路，乡村道路系统的基础建设必须夯实，才能保证游客出行的顺畅。其次是停车场的建设。建设停车场应尽量与原来的基础环境相融合，避免破坏度假休闲农庄环境，根据度假休闲农庄的游客接待量布置停车位的数量。再次是娱乐设施的建设。娱乐设施的建设应该以满足游客多元化的需求为目标，应包含多个领域、拥有多个种类。最后，度假休闲农庄的从业人员应该定期接受专业的业务训练，服务人员能够熟练运用安全、卫生方面的知识和技能。

5. 加大扶持力度，营造良好发展环境

用地方面，政府在建设用地方面对度假休闲农庄给予适当倾斜。投入方面，增强各级财政对度假休闲农庄的专项扶持力度，如设立专项扶持基金，并根据市场及产业发展需要逐步增加投入。加大对度假休闲农庄的信贷支持力度，鼓励开发适合度假休闲农庄的信贷产品。行业协会方面，积极发挥各类相关协会的作用，完善市、县、镇、村四级协会网络。鼓励开展度假休闲农庄规划、建设、管理、营销、业务培训和经验方面的交流，增加参与各类相关课题立项、成果评定和推广工作的机会。此外，开展度假休闲农庄推介活动，营造良好的外部环境。遵照"政府引导、企业主体、游客参与"的模式，开展形式多样的营销推介活动。可借助各地旅行社渠道进行推介，促进度假休闲农庄营销直接进社区、进企业。

第六节　教育农园

【导读】

位于浙江省宁波市慈溪市的宁波大桥生态农庄，是宁波市中小学生的学军、学农、学工教育实践学习基地。农庄涵盖教学区、野外生存训练区、军营区和水上运动区等36处不同类型的教学、素质实践分区。在农庄里，学生可以参加农艺实践、军事拓展训练、水上运动训练以及生活技能培训等。农庄里有种类繁多的植物，如加拿利海枣、紫薇、重阳木等观赏型树种。湖岸边还有各式特色建筑，如特色亭台楼阁、竹廊喷泉、小桥流水等。农庄划分了九个区域，分别为：特色农家餐饮区、特色农产品购物区、宾馆会客区、垂钓区、生态渔区、渔家度假、文化区、农业大观园和青少年农业科普教育培训基地。农庄配备有一整套循环利用、无污排放的生态系统，该系统基于循环经济学、生态学的原理，将节能节水、清洁能源技术应用到家禽家畜养殖、蔬菜大棚、微滴灌溉、沼气等新能源生产应用等方面。

近年来，教育农园在新时期农业科普教育方面的促进作用渐趋明显。随着有关部门的重视和消费者的青睐，教育农园的开发和建设成为今后加强农业科普教育建设的重要途径之一。

一、教育农园的含义

随着游客休闲旅游要求的提高，越来越多的深度体验需求增加，教育农园应运而生。教育农园是农场经营者以自然生态、农业生产、农村文化生活等为内涵，通过翔实的科普解说，服务于一般游客、中小学生的体验活动。教育农园作为一种休闲农业经营形态，在自然生态教育的同时，满足了游客的求知需求，促进了城市与乡村的文化交流。除了传统的生产用途，农场的土地、设施设备、农产品等资源还可以结合生态环境、景观、农村文化等，给游客提供直观的体验。

二、教育农园的基本特征

教育农园的服务对象以儿童、青少年学生及对农业自然科学知识感兴趣的旅游者为主。地址多选在城郊且交通便利的地区。为了方便游客学习农业科学知识、生产知识，园区内农作物多为小面积种植。

教育农园作为休闲农业的一种类型，既具有休闲农业的一般功能，又有教育农园的独特特点。

1. 休闲农业功能

休闲农业功能包括游憩功能、经济功能、社会功能、文化传承功能、教育功能、环保功能、医疗功能。游憩功能主要是为游客提供亲近自然、赏景及休闲的机会；经济功能是指经营休闲农业获取的经济效益一般比单纯的种、养殖业高；社会功能是指休闲农业通过其提供的团体体验活动能够达到联谊或增进感情的目的；文化传承功能是指通过体验活动延续了农村民俗文化；教育功能是指为游客提供了认知动植物及农村文化生活的机会；环保功能是指休闲农业必须注重生态环境保护的原则；医疗功能可以帮助游客缓解工作压力，消除工作中的紧张情绪，促进身心健康。

2. 自然教育功能

自然教育是唤起人和自然和谐相处的教育历程，引导人类从对自然的不当索取中走出来，反对损害自然生态环境的粗暴行为。要达到这个目的，可以通过认知教学、情意教学以及实践活动教学，培养游客从小接近自然、亲近自然的情感。自然教育包括正规的学校教育与非正规的社会教育，社会教育是一种非正式的教育方式，它给民众提供了终身学习的场所。休闲活动也是一种社会教育。教育农园设计的体验活动能让游客体验自然之美，让人们认识生态环境系统的伦理关系。

3. 城乡交流功能

教育农园可以使许多文化信息的沟通变得更容易，因此，教育农园成为具有城乡交流作用的乡土教学背景资源。教育农园通过设计可以为游客提供面对面参与式互动学习的机会，实现城乡交流。通过亲身体验、具体感受（包含眼神、手势、表情、语气、感官等）、讨论、解说员导览、与农场主交谈、动手操作等面对面的机会，使城乡文化交流变得更加明朗。教育农园通过开放的态度、珍贵的自然环境资源及乡土文化资源，依据都市游客的需求设计体验活动，广泛交流，来缩小城乡发展的差距。

【案例1】

新化教育农园位于台湾地区台南市新化区，占地面积3公顷。农园利用废弃的羊舍，并融入农村景观、精神、文化，使市民能够在农耕中体验农业生产的乐趣和"三生一体"的农业经营之道。农园设有七个主题园区：DIY体验区、农业教室区、农耕体验园区、休息联谊区、烘窑烤肉区、采摘果园区、农特产品展售中心等。为自己生产安全卫生的蔬菜、体验农业耕作的乐趣、休闲娱乐及接触大自然是农耕体验承租户承租的主要动机。农园聘请有机栽培专家来普及有机栽培的概念，专家们开课为承租户讲授有机蔬果的正确栽培方法。农园建立"新甘薯文化"主题，并设立了蟋蟀生态文化园及甘薯产业园。园区还举办了多元化的能够增强农耕体验性的活动，改善了园区环境，着力建设公园化的园区。

【案例2】

久大生态教育休闲羊场位于台湾地区台中市太平区，占地面积为1.2公顷。园区建设有亲子体验区、加工制品生产区、羊乳生挤区、生态教育解说区等。园区主题为乳羊体验，民众可以通过亲近羊群来了解羊的生活习性。园区是民众的游憩点和户外自然教室。园区内有假山、荔枝树、花圃、活动看板等。游客可以体验亲自喂养小羊、挤羊奶等活动，还可以品尝最新鲜的羊奶产品。

三、教育农园如何发展

教育农园是兼顾生产、科研示范与科普教育功能的农业经营模式。农学是一门综合大学科，专业门类繁多，内容十分丰富。农业科普教育不但对农业工作者有用，作为生物课教学、科学课教学的实习课，对中小学生也有十分重要的意义。教育农园常在农业科研基地的基础上建设，利用科研设施作为教育工具，投资不大。

在中国休闲农场中，开展儿童、青少年农业教育，需要关注的点可分为两个层面：一是硬件，即基础设施的建设既要满足举办室内外活动的要求，又能体现对儿童和青少年的关怀；二是软件，也就是教学课程的设置，为了增加知识性、趣味性，要根据节气的变化和农作物的习性不断变换课程。首先，从硬件的角度来说，一个运营良好的农场，一般包括入口、主场馆（温室）、附属建筑、游乐场地及景观道路。这几个要素必须结合儿童的特点来考量。其次，从软件的角度来说，可以根据节气不断变换场景，比如3月份结合农耕制定春种课程，9月份可以制定收获主题课程；也可以开发中国传统非物质文化遗产领域相应的课程。此外，开发学校渠道、招募儿童和家长，最大化、最快速地提升人气，也是考验运营团队软件能力的重要方面。随着中国幼儿人数的增加，幼儿教育的需求大增，给幼儿提供美好的学习环境，是需要认真规划的方向。应该参考农场幼儿园等专为特定对象规划空间的可能性及市场的独特性。随着旅游消费基数的不断扩大，持续升温的休闲旅游市场被社会投以更多期待，带着孩子一起接触大自然成为越来越多家庭的选择。农场经营管理者应思考以下问题：将针对儿童、青少年的农业体验性教学寓教于乐，形成持续性，并增加家庭消费的黏性，拉动农场相关农产品的消费，这些才是未来中国教育农园发展的关键。

第七节　高科技农业示范园区

【导读】

寿光蔬菜高科技示范园（简称"示范园"）位于山东省寿光市洛城街道，建于 1999 年 8 月，占地面积 1 万亩。该多功能蔬菜科技示范基地集科技开发、技术培训、试验示范、科普教育、种苗繁育等于一体。2001 年，示范园投资建设的寿光国际会展中心成为第二届中国（寿光）国际蔬菜科技博览会（简称"菜博会"）的主会场。示范园提供了丰富多样的经济交流平台，展览展示了先进农业品种和技术，吸引了国内外很多宾客参会参展。从 2003 年第四届菜博会开始，示范园主展区的 6 个展厅，除展示实用技术和先进栽培模式，又富有创意地将科技与文化相结合、将蔬菜与景观相结合，向农业观光旅游迈出了一大步。之后的每届菜博会都会推出蔬菜创意景观，比如用生鲜果菜营造的亭台楼榭、小桥流水、绿色宫殿等极具田园风情的景观，向各地游客展示"蔬菜大观园"的风姿。2005 年第六届菜博会，参观人数达 106 万人次，首次超过百万人次；2007 年第八届菜博会，参观人数达 146 万人次。观光农业迅速发展，菜博会被纳入山东省观光旅游著名景点。示范园作为国家级农业科技园区，园内各种景点星罗棋布，北方的蔬菜、南方的水果应有尽有。园区内造型别致的欧式建筑、引领时尚的现代温室、科技领先的克隆工艺、智能化控制的育苗工厂、模式各异的品种展示及一年一度的菜博会，都是现代农业观光旅游的重要内容。

一、高科技农业示范园区的含义

高科技农业示范园区又称农业科技园，是指由农业研究部门和各级行政管理部门共同筹建的，在一定的地域范围内，以当地的自然资源、社会资源为基础，以农业生产、技术推广、科技教育等为依托，合理地配置各种生产要素，充分发挥农业科技优势，广泛应用国内外先进实用的高新技术，综合开发利用自然资源和社会资源，以企业化管理为手段，集农业生产和农业科技研究、示范、推广等活动于一体的农业新类型。农业科技园具有科学实验、推广示范、产业孵化、普及教育等功能。

二、高科技农业示范园区的类型

1. 国家农业高新技术开发区

国家农业高新技术开发区是由国家和地方政府共同投资，在农业院校和科研单位密集的地区创办起来的示范区。如陕西省杨凌国家级农业高新技术产业示范区，由10个科教单位及其试验基地组成的科学园区为主体，开展旱作农业、小麦育种、节水灌溉、水土保持等多领域研究与开发，同时建立生产示范基地、中试基地和高新技术产业基地，并初步形成了13个主导产业，这种形式有利于试验、示范、应用相结合和研究、开发、生产相结合，对加速农业成果转化和高新技术研究具有重要意义。

2. 工厂化高效农业示范区

"工厂高效农业示范工程"项目由科技部（原国家科学技术委员会）于1997年2月立项启动，首批选在上海、北京、沈阳、广州和杭州五个城市。该项目由国家、地方、部门、企业联合投资，建设2500亩技术示范区、1万亩工程示范区和10万亩延伸覆盖区，带动了一批相关产业的发展。

3. 持续高效农业示范区

持续高效农业示范区由科技部于1998年批准立项，第一批启动15个项目。示范区的建设以先进实用农业新技术的投入为主，以农业的持续高效发展为目标，形成了技术含量较高的生产体系和结构，为农业发展起到了引领作用。

4. 都市现代农业示范园区

都市现代农业示范园区以生态、高效、特色、观光为特点，集生产、旅游、科研、推广于一体，突出高科技、高起点和高效益。园区以现代科技为基础，引进先进的工厂化设施，进行产加销、内外贸生产经营。

5. 地方政府主办的地市级农业科技园区

地方政府主办的地市级农业科技园区以河南省南阳市和山东省德州市的现代农业科技示范园为代表。其建园目标为：一是作为现代农业高新技术的展示窗口，加速农业科技成果转化应用。通过引进工厂化种苗繁育技术、组培脱毒快繁技术、名特优果蔬花卉设施高产栽培技术、特种水产和珍禽养殖以及农副产品加工等高科技农业技术，带动本地及周边地区经济发展和农业科技水平的提高。二是坚持经济效益、生态效益和社会效益相结合，综合运用现代生产设施、现代科技成果和现代经营管理方式，优化资源配置，使园区发挥先导性和前瞻性作用，提高农民的现代农业意识。三是对农业高新技术产业和现代农业发展模式进行探索和实践。以市场经济为导向设置项目，采用新的运作经营机制，探索在高新技术条件下，现代农业产业化的途径和现代农业的发展模式。按照以上建设目标，南阳市和德州市分别划出500亩和1000亩土地，规划出1个工程中心和7个功能小区，即1个工厂化果蔬育苗工程中心和大田现代农业展示、工厂化高效果蔬及花卉栽培、现代园林工程、水产养殖、农业科技综合服务、特种动物养殖、农产品加工等7个小区。

6. 民营农业科技园区

该类园区以个人投资为主，以市场为导向，以效益为中心，以科技为支撑，以新的管理运行机制为特征。如河南农民郭留成，筹资1200万元，在中国农业科学院的帮助下，引进荷兰、以色列、日本、美国等国的优良品种，引进以色列微灌和滴灌技术，在河南省驻马店市兴建精品农业科技示范园，占地面积100

亩，主要生产引进于以色列的甜椒和樱桃西红柿，引进于荷兰的卡鲁索番茄、米冬瓜、网纹甜瓜、长白苦瓜等名特优农产品。郭留成还与周边9个乡镇签订了产供销协议，带动周边农民种植名优瓜菜，种植面积达到1650亩，其产品在北京、郑州等城市畅销。

【案例1】

上海孙桥现代农业园区位于上海市浦东区孙桥镇，1996年正式对外开放，是"全国农业旅游示范点""全国科普教育基地""全国青少年科技教育基地"。园内面积400公顷，是我国第一个综合性现代农业开发区。园区采用现代高科技经营农业生产，彻底摆脱了传统农业劳作方式，向现代化农业发展。园区总计有引自荷兰的自控玻璃温室18公顷、国产自控玻璃温室20公顷和连栋玻璃温室30公顷。自控玻璃温室不需要泥土，也没有满是泥浆的田埂小道，不用再"靠天吃饭"。园区实现了与泥土绝对隔绝，采用无土栽培，蔬菜、瓜果生长在像盒子那样的珍珠岩或岩石里。采用配方营养液滴灌施肥，节水省肥，避免了人畜尿粪对产品的污染。植物需要的湿度、温度、二氧化碳、肥料等生长条件可以用电脑进行自动控制。这里可以通过降温、加温措施保持四季如春，作物在冬天也能正常生长。自控玻璃温室既会自动收集天然雨水进行灌溉，也可以用熊蜂给农作物辅助授粉，还会自动补充农作物光合作用所必需的二氧化碳。玻璃温室里还可种植国外引进的无限生长型高产优质品种。自控温室产量高、操作简单。3公顷自控温室年产量可达750吨左右，比一般传统农业种植方法要高出七八倍。在上海孙桥现代农业园区，既能够领略到农业生产高科技，还能在橘子成熟期间参与采摘橘子活动。人们在橘园内漫步，既可感受大自然的清新气息，又可分享收获的喜悦。

【案例2】

北京市昌平区小汤山现代农业科技示范园（简称"小汤山农业园"）是北京市首家国家级农业科技示范园，2001年被农业部、科技部等6部委联合命名为北京昌平国家农业科技园区（试点）。小汤山农业园地处华北平原北部边缘的小汤山镇，交通便捷，立汤路纵贯南北，顺沙路和北六环路横穿东西。小汤山农业园距离首都国际机场仅10千米，距离奥运村12千米，距离八达岭高速公路仅5千米。园区生态环境优越，温榆河、葫芦河、蔺沟河等8条河流环绕其间，水资源丰富，拥有1万公顷的可开发利用地热资源。园区的总体功能定位是"科技示范、辐射带动、旅游观光"，集聚了惠州大北农生物科技有限公司、北京天通泰农业科技发展有限公司、北京彩冰花园艺科技有限公司、北京天安农业发展有限公司等48家企业入园，形成了工厂化蔬菜、特色苗木、特色果品、农业生物种业、精品花卉、农产品加工等多个特色产业。园区按照昌平区委区政府要求，努力建设以科技辐射带动旅游休闲的高品质农业园区，积极推进农业现代技术示范与推广，大力孵化培育农业科技企业，着力构建"一核、三园、四区"的空间布局，加快推进总部核心区建设，积极打造高端研创园、试验示范园、智能装备园，建设西区成果转化区、中部新型城镇化先行区、北部都市农业示范区、东部科技研发孵化区。随着人们生活水平的不断提高，"追求自然、向往绿色"已经成为一种生活时尚。小汤山农业园通过实施"科技带园区、园区带企业、企业带基地、基地带农户"工程，形成了"七区一园"的发展格局，即：以应用3S定位系统生产为主的精准农业区，以工厂化育苗为主的林木种苗区，以名、特、优、新水产品生产为主的水产养殖区，以温泉水疗健身为主的休闲度假区，以饲料、食品、蔬菜加工为主的农产品加工区，以有机果蔬生产为主的果蔬种植区，以鲜切花生产和园林苗圃为主的园林园艺区，以花卉种苗组培为主的籽种农业园（即中心园）。小汤山农业园不仅是休闲旅游的好地方，也渐渐成为人们学习农业科普知识的好场所。

【案例3】

　　陕西省杨凌农业高新技术产业示范区，位于关中平原中部，东距西安市82千米，西距宝鸡市86千米。1997年7月，国务院正式批准成立杨凌农业高新技术产业示范区，纳入国家高新区管理，规划面积有22.12平方千米。示范区不仅享受国家对农业的倾斜扶持政策及西部大开发的各项优惠政策，还能享有国家级高新技术产业开发区独有的各项优惠政策。示范区包括农业科学园区、农业中试园区、农业综合园区、生活服务区、农业观光及休闲带等功能区。近些年来，通过体制改革和科技创新，示范区依靠产业化和科技示范引领作用，将科技优势逐步转化为产业优势，带动了这一区域的农业产业结构调整和农民收入增长，也推动了我国干旱与半干旱地区的农业实现了可持续发展。它为我国农业的产业化、现代化作出了贡献，发挥了示范作用。示范区内有独具特色的旅游资源，杨凌现代农业示范园区、杨凌新天地农业科技示范园等基地的智能化温室大棚和无土栽培技术，既生动形象地定义了现代高科技农业，又展示了现代农业的无穷魅力；示范区内的农林博览园，收藏着国内外100万例各类昆虫标本，成为人们了解多种多样的昆虫世界的好去处；示范区还拥有世界上首例体细胞克隆羊"阳阳"以及国内一流的水上运动比赛场馆——水上运动中心。示范区管委会通过不断加大旅游开发建设力度，与陕西省旅游局合作共建"国际知名、国内一流农业旅游目的地城市"，已逐渐将杨凌打造成为西部地区假日特色旅游的一大亮点。

【案例4】

　　黑龙江省牡丹江持续高效农业示范区横贯牡丹江市市郊和宁安市，覆盖20个乡镇、280个村，总面积达67.53万公顷。示范区是牡丹江市农业发展较强和潜力较大的地区。首先，农村经济实力较强。作为黑龙江省农业和农村经济发达地区，示范区农业产业化推进迅速，已逐步形成玉米、水稻、大豆、烤烟、甜菜等产加销一体化的产业链条。其次，农业自然资源丰富。示范区拥有丰富的土地资源、林业资源和旅游资源，主产粮食作物有玉米、水稻、大豆等，主产经济作物有烤烟、甜菜等，畜牧业发展很快，同时盛产人参、鹿茸、黑木耳、山野菜等。再次，示范区拥有相对集中的科技力量。示范区有6个省属科研单位和4个农业院校，农民文化水平较高。最后，示范区的生态环境质量高，拥有牡丹峰、镜泊湖、桦树川水库等3个自然保护区和古渤海国遗址。示范区所在的地理位置好，拥有201国道、牡丹江机场等交通便利条件。从1998年启动开始，作为第一批的15个项目中重点支持的7个A类项目之一，示范区始终是东北地区农业示范区的典型代表。示范区密切结合东北地区的农业资源、经济、技术特点，将持续增长的生产率、持续协调的农村生态环境、持续提高的土壤肥力、持续利用的农业自然资源、持续提高的农业科学技术水平作为主要任务。围绕区域中存在的共性问题，主要发展农业生产和加工业。示范区在建设中重点开展了7项课题研究，重点抓10个农产品转化产业，设置了25个示范小区。

三、高科技农业示范园区的基本特征

1. 我国农业生产力发展新的制高点

生产力的发展是推动社会经济发展的决定性因素。经过几十年的努力，我国农业生产力已经发展到一定水平。尽管发展仍然存在区域差异，但是，在地方经济和财政条件较好、发展水平较高的地区，已不能局限于常规的生产方式，要开始考虑重新组合生产力要素，在生产组织形式上有所突破。由于园区有利于优化生产要素配置、高效利用农业资源、使农业生产率和农业生产效益高值化，所以它成为农业生产力发展的新的制高点。

2. 我国农业现代化建设新的生长点

今后的一二十年将是我国由传统农业向现代农业转变的关键时期。几千年来，以自然经济为特征的传统"三靠"农业（即"靠天吃饭""靠土地""靠人畜和工具"）经不起旱涝等天灾的危害，劳动效率低下，资金投入也不足。现代农业要转变为"新三靠"，也就是一靠政策，二靠科技，三靠投入。农业科技园可以用工厂化方式和工程技术手段为动植物高效生产提供可控、适宜的生长环境，在有限的土地和气候条件下，通过现代技术高度集成的投入，充分利用生物潜能，提高产量、品质和效益，同时减少对生态环境的不良影响，使农业从自然的束缚中摆脱出来，形成从传统农业向现代农业转变过程中的一个新的生长点和发展方向。

3. 农业科技与农村经济的紧密结合点

农业的持续发展和现代化建设关键在科技进步和发展。农业科技园作为农业和科技结合的产物，是科学技术进入农业生产有效的切入点。现代农业设施的"硬件"部分和现代农业技术管理的"软件"部分都是农业科技园的科技内涵。"硬件"部分需要提供新型设施材料和新颖设施结构；"软件"部分需要提供适应设施条件的畜禽鱼、果蔬花卉等优质新品种和新的栽培饲养技术，在对设施条件的光、温、水、土等环境要素进行调控的基础上，使它向智能化、自控化流水线生产的方向发展。农业科技园为农业高新技术的应用和集成提供了崭新的施展空间。

第八节　市民农园

【导读】

深圳青青世界位于深圳市南山区月亮湾大南山山麓，是深圳市著名的精致农业与观光旅游相结合的生态旅游景点，为"鹏城十景"之一。青青世界是深圳第一家以旅游观光与精制农业相结合的度假旅游地，古朴的人文景观和流畅的自然风情相融合，远离都市喧嚣的田园风景替代了遥远的农垦文化。在充满田园气息的山路上步行，一片片成长中的生态瓜果园尽收眼底，这是一个能够使你与自然充分接触的绿色空间，一个集环保与科教于一体的主题园林。走进热带雨林，仿佛身临其境，人们打着伞在里面穿梭，仿佛身处侏罗纪时代，听着那逼真的恐龙叫声，让你觉得那些假恐龙仿佛也是有生命的。青青世界观光农场的主题是休闲度假，整个园区占地面积约 20 公顷，景区内有侏罗纪公园、园艺馆、蝴蝶谷、陶艺馆、瓜果园等，还建有欧陆风情的木屋别墅、游泳池、中餐厅、钓鱼池等。其中，"蝴蝶谷"是一个昆虫乐园，它让生活轻松，让生命飞舞。它利用自然山谷建成，以网连接，绵延数百米，封闭山谷。在园区里，游客还可以参加惊险吊桥、足底健康步道、果汁屋、烧烤场等娱乐设施中的各项活动。青青世界引进美国品种的大南瓜，采用滴灌和无土栽培技术，克服了瓜类植物不能连作的难题。瓜果园中建有"城市农夫"自留地，给游客提供了亲手耕种的机会，还能亲身体验农村生活，等到瓜菜成熟，人们就可以摘回家细细品尝。

一、市民农园的含义

市民农园是指由农民提供耕地，农民帮助种植管理，由城市市民出资认购并参与耕作，其收获的产品为市民所有，市民在其间享受农业劳动乐趣的一种生产经营形式和乡村旅游形式。

市民农园对租种农地者一般会在一定时间段内免除门票，这也在一定程度上增加了市民农园的收入和游客量。市民农园依照对象的不同，又可分为家庭农园、儿童农园、银发族农园、残疾人农园（例如盲人农园等）。市民农园一般都包含在其他观光农园类型中，较少独立存在。

二、市民农园的特征

第一，城市居民以"认种"方式委托农民代种或亲自种植花草、蔬菜、果树，使消费者共同参与农业投资、生产、管理和营销等各环节。

第二，对土地进行小面积的租赁，租期比较短。

第三，投资不大，接待成本低，游客的花费也较少。

【案例1】

小毛驴市民农园（简称"小毛驴"）创建于2008年4月，位于北京西郊著名自然风景区凤凰岭的山脚下、京密引水渠旁，占地面积230亩，是北京市海淀区政府、中国人民大学共建的产学研基地。小毛驴秉承"人民生计为本、互助合作为纲、多元文化为根"的乡村建设思想，坚持"发展生态农业、支持健康消费、推动城乡互助、走向生态文明"的行动原则，本着"关注乡村、热爱土地、与自然合作、以土地为生"的生活理念，以推动政府、企业、高校、媒体、社团等多种力量和全社会广泛参与为主，倡导大家共同促进城乡互助事业健康发展。在种植方式上，小毛驴在尊重自然界的多样性基础上，遵循种养殖结合的原理，着重传承传统农耕文化和乡土知识。在经营模式上，提倡自然、健康的生活方式，采取社区支持农业（CSA）的经营理念，力图重建乡村和城市社区间的相互信任、和谐发展的关系。小毛驴一直秉承社会企业的经营理念，以社会综合收益最大化为发展目标。同时推动的公益项目包括儿童自然教育、适用技术研发、可持续生活倡导等。

小毛驴市民农园的农场原来是一块荒废的苗圃地，改良土壤后，经过国家相关专业机构检测后符合有机种植标准，从2008年开始采取种植、养殖结合的循环模式，连续4年不施用任何化肥和农药（包括商用的生物农药）。所用肥料一部分来源于用青草、粮食和蔬菜喂出来的猪的粪便，一部分是以采购的牛粪、蚯蚓粪做底肥，以麻渣做追肥。另外，农场为了保持全价肥料的积累，自建堆肥栏，将厨余物料和秸秆等堆制成有机肥。小毛驴市民农园不仅提供其自产的生鲜农产品，还推动全国的社区支持农业网络的发展，竭力帮助其他地区开展生态农业的农户建立销售渠道。不只是小毛驴的成员，任何支持健康消费的人都可以通过参与健康农产品团购活动，共同购买经过严格考察的与小毛驴建立长期合作关系并且拥有一定社会公信力的合作机构及合作农户生产的生态产品。作为小毛驴市民农园的CSA成员，在农场可以有一块自己的菜地，可以体验田野劳动，在菜地上种植自己喜爱的各种蔬菜，收获健康农产品。市民可以和农场签订协议，预先支付一整年的农资费用和菜地租金。在一年当中，市民可随时带家人、朋友到农场管理菜园，在没有时间打理菜园的时候，市民也可以选择托管或者由农场配送健康蔬菜。

　　小毛驴拥有特有的教育资源，每年组织内容多样、主题丰富的各种农业节庆与亲子教育活动，如开锄节、丰收节、端午节、成员回访日、木工DIY、农夫市集、自然农耕教育等。小毛驴推出的亲子社区系列活动搭建了亲子家庭农业教育的公共平台。在这里，家长可以和孩子一起认识动植物、制作美食、做手工、自制木制玩具等，享受亲子时光。小毛驴市民农园吸引了大量市民、大学生、农民、学者等不同社会群体的广泛参与，引起各个领域的强烈关注，取得了良好的社会效益，也为它今后的可持续发展奠定了重要的社会基础。

【案例2】

　　广州番禺祈福农庄位于广州市番禺区市广路祈福新村内。农庄内卵石小径弯弯曲曲，建有竹木结构的亭台楼阁。人们可以在这里种菜钓鱼、采摘新鲜水果、到骑马场策马畅游、吃番薯饼、喝鲜牛奶和磨豆浆等，感受真正的回归自然。农庄果树婆娑、花红草绿、猪肥马壮、酒醇茶香，集生产、教育、休闲功能于一体。农庄是屋村的配套设施，既服务于屋村居民，还是中小学生进行劳动实践、接触大自然的理想基地。既可以让小朋友学习种菜，自己摘水果，还能在游玩时学习知识。在农庄手工艺区，人们可以亲自参与各式手工艺，编一只可爱的竹篮，做一个精美的陶艺品，体验一下抽丝织布，绣一块方巾。农庄里还饲养了荷兰良种奶牛和俄罗斯马，在师傅指导下，学生们可体验自己动手挤奶，品尝自己挤的鲜奶。如果足够勇敢，还可以骑上骏马，体验马背上的乐趣。在陶艺馆里，经陶艺师的指点，可亲自动手制作陶艺品，并在特设的烘烤炉里烘好后带回家。

三、市民农园如何发展

1. 以促进农民增收为根本

服务市民、促进农民增收是发展市民农园的目的。市民农园通过满足市民体验农业生产过程，身心放松地享受耕作乐趣，减少了农产品运销环节，进而带动农民致富。发展市民农园，城镇居民可以更直接地购买农产品，解决了部分农产品运销层次多而杂的问题，减少了运销的中间环节，从而增加农民收益。一方面，从提供的休闲服务中，农民可以获取合理的报酬，增加收入；另一方面，对自己购买的农产品，城市居民也会放心食用，可以说达到了城乡双赢。既缩小了城乡差别、促进了农村经济发展、增加了城市居民与农民之间的沟通与交流，又提高了农民的素质和生活品质、促进了农村面貌的改善和城市与乡村的共同发展。

2. 以丰富市民生活为目的

参与性是市民农园重要的特征。在市民农园，市民通过参加各种田间劳动，不仅可以亲身体验农耕文化、享受到劳动的乐趣，还可以了解植物生长习性和学习农业耕作技术，学会接受自然、实现修身养性。随着现代化进程的加快，紧张而忙碌的都市生活使城市居民几乎都有沉重的精神压力，这时候如果能够走出高楼林立的都市，融入风景宜人的大自然，将引领现代生活新风尚。都市农业不仅可以减轻工作及生活的压力，还可以为市民提供观光旅游场所，来达到使身心舒畅、体魄强健的目的。

3. 建立市民农园的服务体系

市民农园的服务体系主要包括市场服务体系和信息服务体系。通过建立和完善市民农园服务体系，为都市农业发展提供相关的农业技术信息经营决策信息和市场变化信息，从而重新配置优化资源，保证农民与城市居民组成互助组进行沟通和交流。通过市场服务体系的构建，建立起符合市民农园发展特征的多层次市场和流通体系，使市民农园可以用较低的交易成本，在市场竞争中获得优势地位。

4. 转变观念，加强宣传

要发展市民农园，更要做好宣传示范和普及引导，使城市的各级领导和城市居民达成共识，要把市民农园作为改善农民生活水平的重要途径和实现城市可持续发展的重要手段。

第四章
休闲农业规划设计

第一节　园区规划设计

一、园区建设选址

我国休闲农业园区从空间分布上看，主要有三种类型，即城市依托型（大城市周边）、景区依托型和景区型。休闲农业园区规划建设选址应选择在距离城市、景区较近，而且公路交通非常便利的地方，一般情况下建议距离城区30分钟左右车程，最好不要超过2个小时。

二、园区分区规划设计

根据休闲农业园区综合发展需要，应结合地域特点，因地制宜设置不同功能区。各地休闲农业园区分区规划大体上包括入口区、服务接待区、科普展示区、特色品种展示区、亲子活动区、休闲度假区等。

1. 入口区

它是指方便游客进入园区的地方，游人可在此换乘园内的游览车入园。大型休闲农业园区一般规划建设2～3个入口。主入口区包括入口大门、入口停车场、游客接待中心、导游服务中心、公共厕所等。入口区也可以设计一个广场，对人流起到疏导和缓冲作用。

2. 服务接待区

它是指集中建设的餐饮、购物、寄存、租借、医疗等接待服务项目及其配套设施的区域。入园后首先到达服务接待区，游人可以在此做短暂停留，做好入园的准备。

3. 科普展示区

它是指为游客尤其是儿童及青少年设计的活动用地，将科学知识教育与趣味活动相结合，具备科普教育的功能。休闲农业园科普展示区可以展示、介绍园区内农作物的品种、栽培历史、文化知识等，还可以让游客亲自体验农耕活动。科普展示区应注意将教育性和趣味性相结合，便于游客接受。

4. 特色品种展示区

它是指特色农业品种种植展示区，在该区可以引进国内外优良的农作物品种进行繁育、展示，以满足高层次观光游客的需求。在北方可以进行设施栽培，让游客在果品的非正常成熟季节观赏并采摘到新鲜的农产品。展示区在展示特色农业品种的同时，还可以结合传统园林艺术设计手法和盆景艺术制作技法，利用廊架、篱架、棚架等不同架式的排列组合来分割、重组景观空间，给游人以新、奇、美的享受。

5. 亲子活动区

它是指主要供孩子和家长进行游乐、互动的区域，该区域可以放置游乐设施，也可以组织孩子和家长进行果蔬采摘、农业生产等活动，增强游览的趣味性。

6. 休闲度假区

它是指可以让游客实现较长时间的观光、休闲度假的可以住宿的区域。有条件的园区可以适当建设度假木屋、度假小别墅等住宿设施，不仅可以延长游客在园区内停留的时间，还可以增强休闲农业园的休闲度假功能。

第二节　园区设施规划设计

一、旅游服务设施设计

1. 餐饮设施

休闲农业园区的餐饮设施可以按照浏览路线和园区实际条件加以统筹安排。不靠近风景区的区域，都可设置餐饮服务点。餐饮设施建筑的造型可以根据园区整体风格进行设计，尽量新颖、独特，与园区自然环境协调一致。

2. 住宿设施

休闲农业园区的住宿设施应该根据休闲农业园区的总体布局，确定建筑的位置、风格、等级、高度、面积等；根据游客的规模和需求，确定房间和床位的数量以及房间的档次比例。

3. 标识、解说设施

休闲农业园中，应当在不同观光区域的显著位置设置标识、解说牌等。标识、解说牌的设计应该以人为本，充分考虑游客的需要，起到改善游园体验、保障游客安全、宣传科普知识、阐释经营理念的作用。解说牌的制作要精巧、有创意，使其成为园区一道独特的景观。

二、基础设施开发设计

休闲农业园区基础设施的开发设计是保证旅游活动顺利进行的基本条件，主要包括道路、房屋、水电和通信设施以及卫生设施等。

1. 道路

休闲农业园区内的道路应当以满足园区内旅游观光、农业生产、环境保护及园区内工人生产、生活等多方面的需要为基础，确定道路的走向、宽度及路面结构。同时要根据园区内的活动内容、管理需要，综合确定道路的建设密度，将各个景点恰到好处地连接起来。

2. 房屋

休闲农业园区内应尽量少建房屋。必需的房屋可以建造，但建筑风格应与园区的环境相协调；建筑体积不宜太大；建筑材料应尽量就地取材，如当地石料、树木等；尽量少用或不用工业油漆。

3. 水电和通信设施

休闲农业园区的水源供应一般就地取材；电能尽量用自然能，可因地制宜建设小型水电站；通信设施必不可少，但要注意，这些设施的管线要尽量埋于地下或掩于树丛中，避免视觉污染。

4. 卫生设施

园区内产生的垃圾应分类收集，然后集中运到一个地方加以处理，不能就地堆放和深埋。园区内要设有足够的分类收集垃圾箱。园区内也应设有足够数量的卫生间，方便游客使用。

第三节 活动规划设计

一、参观项目

1. 大田风光

大田风光主要是指大面积的农田风光。许多农作物如水稻、小麦、高粱、油菜等，只要连片面积足够大，都能构成可供游览的大田风光。田边的小桥流水、田间的小道、耕作的农民等都可以构成大田风光中的景观要素。在不同时节还可以设计不同的参观主题，举办丰富多彩的主题活动，如春天可以设计赏花主题，秋天可以设计收获和品尝主题等。大田风光没有污染，没有喧闹，远离尘世，能够迎合人们期望返璞归真、回归自然、承接天地灵气的心态，也有利于人们保持心态平衡，消除现代人的精神困惑。

2. 农业精华馆

农业精华馆多出现在农业示范园或农业科技园中，主要通过实物、样品、图片、音像、多媒体等方式，向游客展示世界各地的先进农业技术、新产品、新农艺、农业人物、农业工程、农业机械、农业设施、农业史实等。苏州未来农林大世界的农业精华馆展示了全国农业上市公司的概况、中国古代都江堰水利工程的模型和原理、现代奶牛胚胎移植技术的流程和原理、美国俄勒冈州草坪种子、安徽维庆水产公司出产的特大河蟹实物标本等，给参观者留下了深刻的印象。

3. 果花瓜豆藤架科普长廊

果花瓜豆藤架科普长廊主要由水果架、花架、瓜豆藤架等构成，可供游客休息、纳凉。长廊的顶上爬满了葡萄、紫藤、葫芦、南瓜、丝瓜、蛇瓜等藤蔓，高高的藤架上挂满了颜色各异的名优特新品种，不仅可以遮阳，供游客休息，还可供游客采摘新鲜水果、花卉及瓜豆。

4. 风车阵

风车阵由若干风车按照一定规律排列组合而成。起风时，风车随风转动并发出"吱吱"的声响，特别受孩子们喜爱，无论远观还是近赏，都颇具观赏性。

5. 动植物标本馆

动植物标本馆主要面向少年儿童，起到科普教育的作用，是观光农业园区中常见的展示性项目。展馆内除了展示各种动植物的标本，还通过图片、视频及一些仿真模型帮助游客认识各种动物和植物，让游客们更加深入地了解大自然、热爱大自然。此外，标本馆还可以向游客展示标本制作技术，让游客亲自体验标本的制作过程，激发游客的兴趣和参与热情。

在园区运营实践中，可以举办主题标本专题展览，如昆虫标本、花卉标本、树叶标本等展览，还可以定期走出园区，到学校、城市博物馆和其他农业园区循环展出，以增强宣传的效果，发展会员。

二、农事农趣体验项目

1. 市民农园

市民农园是指为城市居民来到园区租种而准备的园地。园区内的土地可以分割出租，每块面积 10～50 平方米不等，市民可以租种一块或多块土地，在自己的园地中根据自己的喜好种植粮食作物、蔬菜、花卉、水果等。园区中有专人指导，市民平时可以委托园区代为照料，周末和节假日可以根据自己的时间安排到园中除草、浇水、施肥等，体验农事活动的乐趣。如果种的是蔬菜水果，原则上不使用化肥、农药、除草剂，保证作物在生长过程中无污染。到了成熟季节，市民可以自己来采收、享用，也可以委托园区代为采收并销售。园区可以安装视频监控设备，让市民在家中就可以实时查看自己土地上农作物的生长和采收情况。

2. 采摘园

采摘园是休闲农业中最常见的项目，游客不仅可以品尝到最新鲜的水果和蔬菜，还可以从中体验到收获的快乐。采摘园种类繁多，按照种植方式的不同，可以分为设施采摘园和露地采摘园；按照果实种类的不同，可以分为水果采摘园、蔬菜采摘园等。

设施采摘园主要提供反季节采摘活动，如设施草莓采摘园，可以在元旦、春节期间开放，深受游客欢迎，经济效益也非常好。露地采摘园应在品种上安排得当，以延长采摘期，如葡萄有早熟、中熟、晚熟品种，其采摘期可以贯穿 7—10 月；桃有特早熟、早熟、中熟、晚熟等品种，成熟期甚至可以贯穿 5—10 月。橘子、桑葚、无花果、黑莓、梨、苹果等，都是适合采摘的品种。

一些根茎类蔬菜如白萝卜、胡萝卜、芋头、红薯的挖采，水生蔬菜如莲藕、菱角、荸荠等，采摘过程都别有情趣。

3. 食品作坊

食品作坊是让游客体验亲自动手制作食品的地方，游客可以将自己亲手采摘的水果制作成果酱、果脯、果酒、果醋等，可以自己动手炒花生、炒板栗、炒豆子，还可以体验手工研磨咖啡豆、用微波炉制作爆米花、加工银杏果等。

食品作坊可以分为展示区、品尝区、示范加工区、技术培训区、销售服务区等不同的功能区，能够满足游客的多样化需求。孩子们来食品作坊制作食品，可以自己动手完成制作，既能提高动手能力、增强自信，又能体验到劳动的乐趣，更会珍惜食物的来之不易，对他们心智的健康发展很有帮助。

4. 烧烤场

园区可以开辟出一块空地作为烧烤场，并提供工具和食物让游客体验烧烤的乐趣。近年来越来越多的人喜欢烧烤，因为烧烤一方面可以让人们贴近自然，享受自己动手的乐趣；另一方面给大家提供了一个与家人、朋友休闲聚会的方式。

烧烤场可以举办相关活动，如原始人生活场景表演、烧烤美食制作方法讲解、烧烤知识科普讲座等，让游客一边品尝美味一边欣赏表演、增长知识。开辟烧烤场的前提是对烧烤时的卫生安全、环境污染等问题一定要考虑周全，应该制定明确的流程规范和游客守则，以免发生安全事故、污染环境。

5. 手工创意馆

手工创意馆主要为游客提供手工创意体验，具体可以包括陶艺馆、泥塑馆、沙画厅、剪纸厅、编织坊、彩豆画坊等。

三、餐饮品茗项目

1. 农家乐餐饮

农家乐餐饮是农家乐中发展速度最快、最具活力的产业。农家乐业主利用当地的特色农产品进行加工，能够满足客人的需要，让客人告别平时千篇一律的饮食，享受当地特色农家饭。

2. 生态餐厅

生态餐厅又叫温室餐厅、阳光餐厅等，由种植温室衍生而来，是指将餐厅设置在温室园林景观中，餐厅内种植植物花草或以植物花草做装饰，结合假山、瀑布、小桥流水、竹木亭阁等园林景观，全方位立体化地展现绿色、优美、宜人的就餐环境，让人们无须远足便能领略丰富的自然景观，使用餐者有身处世外桃源之感。

3. 品茗阁

品茗阁是集品茗休闲、茶文化展示以及销售名茶、精美茶具、茶艺礼品于一体的茶文化休闲场所。

依据市场需要和环境条件，品茗阁最好置于茶园之中。店内装饰应典雅，可伴随悠扬的琴声、动听的鸟鸣声。提供的产品应为本园区特色茶产品，可提供茶艺表演，让客人在品尝当地特色茶品的同时了解茶文化，享受饮茶的乐趣。

四、购物服务项目

1. 纪念品专柜

对休闲观光农业园区来说，有必要设置纪念品专柜，可以集中设置，也可以散布在园区的各个景点。游客既可以自己收藏，也可以赠送给亲朋好友，因此纪念品专柜比较受游客青睐，拥有很大的市场空间。

纪念品专柜的设计要点：

（1）突出农业园区及其乡土特色。纪念品作为游客休闲旅游的回忆，一定要有特色，要能够体现园区及当地的民俗、景观、文化等。

（2）纪念品的品质要好，要能反映园区的高品质形象。

（3）价格合理。一些景区纪念品无人问津的重要原因是价格昂贵，为景区外价格的 3～5 倍，令很多游客望而却步。农业园区的纪念品设计应作长远考虑，合理定价。

（4）推陈出新。农业园区的纪念品应经常出新，这样对老游客更有吸引力。此外，园区应根据不同时节推出不同的纪念品，甚至让游客自己动手制作纪念品，以满足游客的个性化需求。

2. 土特产展销厅

土特产是指本地特有的或者特别著名的产品，不仅包含农林特产，还包括本地特色矿物产品、纺织品、工艺品等。土特产展销厅占地面积一般可在 100～2000 平方米，其中园艺超市需要在温室条件下开办。展销厅适宜集中布局在园区入口处的游客中心附近，或在餐饮、住宿设施的旁边。展销厅应与物流配送中心联动经营，以便为游客送货到家。

3. 小小售货亭

小小售货亭即专门销售饮料、零食、纸巾、电池、小手袋等游客日常需求品的小卖部。占地面积不大，每个售货亭约 4 平方米，可以设置在人流量较大的地方。其经营方式分为有人销售和无人销售两种，有人销售即配备销售人员进行销售，无人销售即配备自动售货机进行销售。小小售货亭的整体设计风格应与园区整体基调相吻合，最好与小茶亭、休闲长廊、科普长廊、采摘园等配置在一起，实现功能互补。

五、娱乐与运动项目

园区可设置的娱乐与运动项目要依据园区规模、特点及实际情况而定，常见的娱乐与运动项目设施有：垂钓园、桥阵、戏鱼池、高尔夫练习场、风筝广场、攀岩墙、滑草场、小"魔屋"、农事趣园、跑马场等。

第五章
休闲农业经营管理

第一节　生产管理

休闲农业园区的生产管理是对农产品的生产过程加以规划和控制，包括农业生产规划、设施与设备的配置、生产制度的设定、品种引进管理、生产进度的拟定、收获及加工管理等环节。

一、农业生产规划

园区的农业生产要根据功能分区对种植品种、道路、灌溉渠道等进行综合规划。特别是田区、果园的规划应充分考虑游客的体验，区块面积不宜过大，排列不必方正，布局线条要有美感。果树栽植不宜过密，要有透光性，保留解说、体验及游客拍照的空间。

二、设施与设备的配置

为了提高生产效率，休闲农业的生产应该充分利用先进的科学技术，如现代化的温室设备、先进的自动化机械设备。在测土配方施肥、除病虫草害等方面可以应用快速实用的监测技术，还可以将 GPS、GIS 技术用于农田管理、节水灌溉、环境监测等方面，提高园区农业生产的科技含量。

三、生产制度的设定

农业生产具有一定的季节性，因此要设定一套合理的生产制度，如轮作制度，以形成"四季有花、四季有果、四季有菜、四季有景"的独特田园风光。园区要有自己的农业生产特色，树立自身品牌，提高农业产品和景观形象的竞争力。

四、品种引进管理

品种引进管理是根据园区的发展规划，对需要引进的农产品品种进行实地考察、对比，再结合本地区的自然条件进行合理、科学的筛选，分析其适应性和市场前景，从而保证品种优良、延长观赏采摘时间，提高对游客的吸引力。

五、生产进度的拟定

可以编制农场耕作日历表，详细列出各种作物耕作的时间、种类、人力以及需要的种子、肥料、农药、耕作设备等，以明确什么时间以及怎样完成各类不同的耕作工作，科学合理地工作，提高工作效率。

六、收获及加工管理

为保证园区农产品的特色和质量，要对产品的采收和加工包装过程进行必要的标准化和规范化管理，使产品的品质、包装趋于统一，从而提高产品的竞争力。

第二节　人力资源管理

人力资源管理是休闲农业园区一项非常重要的管理事项。园区的经营管理实质就是对"人"的管理，通过对人的管理进而实现对其他资源的管理，从而使园区能够形成服务接待能力，达到预期的经营目标。人力资源管理的主要工作如下。

一、明确园区的组织结构及职务设置

为了能够有效地进行人力资源管理，首先应进行人力资源规划工作，规划可以邀请专家、学者或专门机构进行。可以将园区的工作进行分解，确定组织管理层次，设置各类职位，明确各个职位的岗位职责。

二、招聘与选择员工

1. 招聘人选应具备的条件

根据履行各岗位所需知识、技术和技能等方面的要求，确定拟招聘人员应具备的年龄、资历、技术、能力等条件。

2. 招聘途径的确定

员工招聘可以有多种途径，主要包括内部招聘、社会公开招聘、学校专场招聘等。内部招聘适用于中高层管理人员，一般是用来填补空缺的岗位和职位晋升；社会公开招聘适用于基层岗位的补缺；而学校专场招聘则可以引进、补充新生力量，增加专业人员。

3. 招聘员工的选择标准

不同岗位有不同的选择标准，除了应具备的学历、资历条件，还可以将工作动机、态度、仪表仪容、性格等作为选择标准。选择方式一般可采用笔试、面试等。

4. 员工培训

（1）培训的分类：岗前培训、岗位培训、工作模拟训练等。

（2）培训方式：开班授课、会议研讨、现场观摩等。

（3）培训内容：针对培训对象的不同，所开展的培训内容也各不相同。休闲农业园区的服务人员一般需要在知识与技能上进行培训，包括旅游基础知识、服务礼仪常识、餐厅服务、客房服务、前厅及前台服务、导游解说、营养卫生常识、烹饪技术、卫生保洁技能等。

5. 员工劳动报酬管理

安定有保障的生活是每个员工的追求，因此园区的经营者应制定合理的薪酬制度，调动员工工作的积极性，减少员工流动性，提升士气，从而提高园区的经营效益。员工的劳动报酬包括工资、奖金、津贴和福利等。

6. 员工考核、激励管理

对在职员工进行定期考核，可以了解员工的工作效率及工作态度。考核结果可作为园区管理者对员工进行奖惩或调整的依据。考核项目一般包括工作态度、工作业绩、道德品德、协调能力、执行能力、学习能力等。园区管理者可以通过奖赏或惩罚对员工进行激励。

第三节　财务管理

一、休闲农业园区财务管理的内容

1. 资金管理

资金管理包括：①筹资和投资管理，主要是指按计划从各种渠道筹集资金并进行投资活动的管理；②各项资产管理，主要包括流动资产、固定资产、无形资产、递延资产及其他资产的管理；③外汇资金管理，主要是对各种外汇资金及其他资产的管理，以实现外汇收支平衡。

2. 成本与费用管理

成本与费用管理主要是对园区成本与费用的开支标准、开支项目、开支范围的管理。

3. 营业收入、税金、利润的管理

营业收入、税金、利润的管理主要是对园区收入及其分配进行的管理。

4. 经济活动分析，又称财务分析

经济活动分析主要是通过财务报表对园区的经营活动及其所取得的财务成果进行考核、分析、评估。

二、休闲农业园区财务管理的方法

1. 建立各项财务管理制度

包括财务工作岗位职责、现金管理、支票管理、印鉴保管、现金和银行存款的盘查等。

2. 实行计划管理

对园区的投资、筹资及预期取得的财务成果做出计划（可以是短期计划，也可以是长期计划），并严格按计划实施。

3. 实行定额管理

为了保证园区的正常经营，对园区的资金支出、占用和耗费规定一定的数额，并进行严格管理，将其控制在计划规定的范围之内。

第四节　服务管理

一、餐饮服务管理

餐饮是休闲农业的主要经营项目之一，休闲农业餐饮服务质量和水准的高低直接影响游客的满意度，从而影响园区的声誉和效益，因此园区要非常重视餐饮服务的管理。休闲农业的餐饮服务应以提供具有地方特色的菜肴为主，要注意以下几点。

1. 卫生、安全

卫生和安全是头等重要的，不仅要注意原料新鲜、清洁，厨房、就餐环境和餐具卫生，还要注意厨师和服务人员的个人卫生。

2. 找准特色，不断推陈出新

建立独家特色口味，推出招牌菜，不断改进口味，推出新菜品。

3. 做好促销，吸引回头客

稳定既有客源，做好促销策划，吸引回头客；开发新客源要做到重视口碑效应，培养回头客。

二、住宿服务管理

一般大中型园区均建有酒店、宾馆等设施，它们利用园区特有的优美环境、地道的乡土文化和温馨的风土人情，为游客提供住宿、餐饮、康乐等服务。有的园区会别出心裁，配备乡村味道的住宿设施（如小木屋、竹楼、三合院等），体量不大，但外观、内饰乡村特色鲜明，具有很强的吸引力。园区周边也常常有农民开办的农家乐，它是农民依托园区的客源，利用自己闲置的房间，经过改造或改建形成的家庭旅馆，主要为游客提供住宿、餐饮和休闲服务。

住宿服务要注意以下几点：

（1）居住环境安全、干净、整洁；

（2）热情周到的服务；

（3）专业的经营管理；

（4）独特的营销策略。

三、解说服务管理

解说服务管理是休闲农业园区一项很重要的管理事项，包括人员解说和物化解说两种方式。

1. 人员解说

人员解说是指园区配有解说员、导游人员，主动为游客讲解园区的基本信息、地域文化等。它的最大特点是可以双向沟通。不同的园区应该根据园区所在地的地域文化、民俗文化、园区的性质来开展解说活动。合理设计主要服务产品、园区景点的分布和游览时间等，探索不同的人员解说方式和游客组织形式，达到有利于园区资源环境的保护和游客最佳体验的获取的最终目标。

2. 物化解说

物化解说是指由无生命的设施、设备向游客提供信息服务。它的形式多样，包括标牌、解说手册、导游图、语音解说、录像带、幻灯片等，其中标牌、导游图是常见的方式。不同的园区要根据其性质、特点，提供多样化的解说方式，供游客选择。在不同的情况下，侧重选择不同的物化导游方式。标牌、园区示意图、路标系统有指导解说和引路的作用，是任何园区必不可少的。导游图、门票上的园区示意图、语音导游等比较适合散客；录像带、幻灯片等比较适合在游客中心、前往景区的交通工具、游客停留地点和游客事前教育中使用。

第六章
休闲农业市场营销

第一节　找准定位

一、市场定位

休闲农业项目经营者可根据消费者的不同需求，从内容上进行不同的市场定位，如满足城市居民观光度假的休闲游；满足青少年增长见识、开阔视野的乡村体验游；满足户外运动爱好者的野营体验游；等等。

二、主题定位

园区的主题定位至关重要，一个明确的主题能让游客记住你，想起你。要挖掘本地区的优势资源，然后确定主题，如依山傍水、风景优美则可以定位于生态观光游；设施农业发展得好，就可以定位于现代农业科技游；具有少数民族特色则可以定位于民俗文化游；历史古迹多，则可以定位于古镇观光游；等等。

三、价格定位

价格定位是在市场定位的基础上确定的价格档次。休闲农业项目经营者可以根据休闲农业所针对的目标市场的消费能力、消费喜好来确定价格。

第二节　丰富营销手段

一、线上推广

现在已经是网络时代，人们的选择越来越多地依靠网上的信息。这也给休闲农业经营者提供了更多传播的平台。可以在微博、微信开设公众号，在一些旅行网站发表游记，或者花点心思设计休闲园区主页，让消费者产生画面感，从而产生想去体验的冲动，以上都是非常行之有效的方法。

二、节庆活动策划

节庆活动策划是休闲农业营销中的重要环节，可以让游客对园区产生向往和新鲜感。传统节日如元宵节、端午节、中秋节等可以策划有传统文化特色的亲子主题活动。此外，园区也可以自己设立不同名目的节日，如采摘节、插秧节，吸引游客前来体验，增加对园区的印象。

三、挂牌基地

与一些机关、中小学、企事业单位、协会团体合作，如成为实践基地、环保教育基地、科普教育基地、爱国主义教育基地、大企业 VIP 客户俱乐部活动基地、艺术家创作基地等，借助这些群体，能形成一部分稳定的市场，同时也可提升园区的品牌形象。